星栞 HOSHIORI

2024年の星占い

・牡牛座・

石井ゆかり

牡牛座のあなたへ
2024年のテーマ・モチーフ
解説

....

モチーフ：ミトン

....

　2024年、あなたはたくさんのものを、その両手で掴むことになります。たとえば「金運がいい年」と言われたら多くの人が「よし、宝くじを買おう！」などと言いますが、今年の「金運」はそういう「金運」ではないのです。新しい実力を身につけたあなた、新たな才能に気づいたあなたが、自分自身の手で何かを掴み取り、あるいは生み出す年、という意味なのです。まるで魔法のミトンをはめたかのように、欲しいものがあれば今年、きっとその手で獲得できます。チャレンジを。

CONTENTS

はじめに

　こんにちは、石井ゆかりです。

　2020年頃からの激動の時代を生きてきて、今、私たちは不思議な状況に置かれているように思われます。というのも、危機感や恐怖感に「慣れてしまった」のではないかと思うのです。人間はおよそどんなことにも慣れてしまいます。ずっと同じ緊張感に晒されれば、耐えられず心身が折れてしまうからです。「慣れ」は、人間が厳しい自然を生き延びるための、最強の戦略なのかもしれませんが、その一方で、最大の弱点とも言えるのではないか、という気がします。どんなに傷つけられ、ないがしろにされても、「闘って傷つくよりは、このままじっとしているほうがよい」と考えてしまうために、幸福を願うことさえできないでいる人が、とてもたくさんいるからです。

　2024年は冥王星という星が、山羊座から水瓶座への移動を完了する時間です。この水瓶座の支配星・天王星は「所有・物質的豊かさ・美・欲」を象徴する牡牛座に位置し、年単位の流れを司る木星と並んでいます。

冥王星は深く巨大な欲、社会を動かす大きな力を象徴する星で、欲望や衝動、支配力と関連づけられています。すなわち、2024年は「欲望が動く年」と言えるのではないかと思うのです。人間の最も大きな欲望は「今より落ちぶれたくない」という欲なのだそうです。本当かどうかわかりませんが、この「欲」が最強である限り、前述のような「慣れ」の世界に閉じこもり続ける選択も仕方がないのかもしれません。

　でも、人間には他にも、様々な欲があります。より美しいものを生み出したいという欲、愛し愛されたいという欲、愛する者を満たしたいという欲、後世により良いものを残したいという欲。「欲」が自分個人の手の中、自分一人の人生を超えてゆくほど大きくなれば、それは「善」と呼ばれるものに近づきます。水瓶座の冥王星は、どこまでもスケールの大きな「欲」を象徴します。世界全体にゆき渡る「欲」を、多くの人が抱き始める年です。

《注釈》

◆ 12星座占いの星座の区分け（「3/21〜4/20」など）は、生まれた年によって、境目が異なります。正確な境目が知りたい方は、P.124〜125の「太陽星座早見表」をご覧下さい。または、下記の各モバイルコンテンツで計算することができます。
インターネットで無料で調べることのできるサイトもたくさんありますので、「太陽星座」などのキーワードで検索してみて下さい。

モバイルサイト【石井ゆかりの星読み】（一部有料）
https://star.cocoloni.jp/（スマートフォンのみ）

◆ 本文中に出てくる、星座の分類は下記の通りです。

火の星座：牡羊座・獅子座・射手座　　　地の星座：牡牛座・乙女座・山羊座
風の星座：双子座・天秤座・水瓶座　　　水の星座：蟹座・蠍座・魚座
活動宮：牡羊座・蟹座・天秤座・山羊座
不動宮：牡牛座・獅子座・蠍座・水瓶座
柔軟宮：双子座・乙女座・射手座・魚座

《参考資料》

・『Solar Fire Gold Ver.9』（ソフトウェア）/ Esoteric Technologies Pty Ltd.
・『増補版　21世紀　占星天文暦』/ 魔女の家BOOKS　ニール・F・マイケルセン
・『アメリカ占星学教科書 第一巻』/ 魔女の家BOOKS　M.D.マーチ、J.マクエバーズ
・国立天文台 暦計算室Webサイト

HOSHIORI

牡牛座 2024年の星模様

年間占い

🌸 二重の「自由」、7年をかけた変革

　2024年前半は「約12年に一度の、人生の一大ターニングポイント」です。木星があなたのもとに巡ってきており、たとえば転職や独立、引っ越し、結婚や出産、その他諸々、人生の一大イベントが起こりやすいタイミングなのです。過去12年ほどの流れがここで収束し、新しい12年のサイクルがスタートします。長く続けてきたことを「修了」し、新しいことを始められる節目です。

　ただ、この時期は「それだけ」ではありません。成長と拡大の星・木星の12年ごとのサイクルの節目に、なんと約84年のサイクルを刻む天王星の節目が重なっているのです。自由と改革の星・天王星は2018年頃からあなたのもとに巡ってきていました。それ以来、あなたはなんらかの形で自由、独立、革新を模索し続けてきたはずです。全く新しいことを打ち出し、それを現実に根づかせるには時間がかかります。あなたもまた、非常に新しい方向性を打ち出してそれを現実化す

るために、2018年から2026年くらいまでの時間を費やしつつあります。

　ゆたかな吉星・木星と、革命の星・天王星があなたのもとで重なり合うこのタイミングは、牡牛座の人々の人生を一変させる力を孕んでいます。天王星と同様、木星も「自由」と関係の深い星で、この2024年前半のあなたは、とにかくどこまでも自由な存在です。すぐには誰にも理解されなくとも、全然不思議ではありません。むしろ周囲の人々が自ら窮屈に、不自由に生きている様子が、あなたの目にはとても不思議な光景に映るかもしれません。

　この時期起こることは、たとえば「転職」であっても、「ある会社から同じ業界の別の会社に転職する」ような部分的な変化ではありません。「今まで都会で会社員をしていたけれど、田舎に引っ越して農業を始める」というような、生き方を根本的に変えるような「転職」となります。価値観が変わり、生活の前提が変わり、以前の自分のあり方が奇妙に思えるような、そんな変化

を体験する人が少なくないはずなのです。

❋ 評価は後から「ついてくる」

　ゴッホやゴーギャンなど、死後に作品が高く評価されるようになった画家がいます。現代では「承認欲求」という言葉が一般的に使われますが、人から「いいね！」が集まらなくとも、自分自身の創造性を信じて作品を作り、その進化を追求し続けるマインドは、何に支えられていたのでしょうか。

　人から評価されなくとも決してやめない、諦めない動機は、信念、才能、情熱など、様々な名で呼ばれます。現代ではそうした、自分の中だけにある価値観や思いを生きる態度は、「ひとりよがり」「思い込み」「空気が読めない」「意識高い系」など、否定される向きが強い気がします。

　現代では多くの人が、他者からの眼差しに強い不安を抱いています。自分のアクションがすぐに好評価されなければ不安になります。自分自身の納得や満足よりも、「いいね！」の数のほうを大切にしている人がた

くさんいます。その場その場で得た瞬間的評価を成功体験として、その体験に沿って自分の活動自体をより高い評価を得られるように「ブラッシュアップ」してゆくやり方が、今の時代の「王道」のようです。

　2024年の牡牛座の人々は、そうした「今この瞬間の評価に合わせて自分を変えていく」やり方は採らないはずです。むしろ、ゴッホやゴーギャンのように、たとえ作品が高額で売れなくとも、著名人に批判されても、それでも「自分の良いと思えるものを追求する」という方針を採れます。そして、ちゃんと後から、評価がついてきます。もちろん「死後」なとどいうことではなく、ほんの少しタイムラグがあるだけです。早ければ1年後、遅くとも3年後には「ブレなくて良かった！」「自分が言っていたことがやはり、正しかった！」と実感できるはずなのです。

　世の中に大きな変化が起こったその後、しばらくして「自分は最初からこうなるとわかっていた」「自分だけは警鐘を鳴らしていた」など、「後出しジャンケン」

のような意見を言う人が必ず、現れます。後から「自分はこの結果を知っていた」と語るのは、それが事実であるとないとに関わらず、ある意味「ズル」とも言えます。その点、この時期のあなたは決して「後出しジャンケン」をしません。最初から正しい手を出して、「やはり自分が正しかった」と堂々と語れる日が来ます。あるいは後で「自分が間違っていた」とわかったとしても、自分自身の思いを貫いたというその真実は、ブレないのです。ゆえに、自分の生き方への信頼を、どっしりと維持できます。

　多くの成功者が、そのスタートラインで「そんなことがうまくいくわけがない」「見通しが甘い」「あなたのやることが信用できない」などの忠告を受けています。挑戦者が意外な大成功を収めた後、賢い人たちが「成功の理由」を分析したり、説明したりしますが、それを最初から見抜いている人はほとんどいないのです。できるものなら、みんながやっています。
　人からの評価に従わないこと、おもねらないことは、それ自体が一つの大きなリスクです。現代社会では「大

勢の言うことが正しい」と見なされがちだからです。
「ポピュリズム」という言葉も人口に膾炙していますが、
「みんなの意見」の外側をゆくには、絶大なる勇気が要
るのです。

　この勇気を、どのように振り絞れるでしょうか。多
くの人々の意見に流されず、自分自身の考えを生きる
には、どうしたらいいでしょうか。その根拠を求めて、
この時期のあなたはいつになく真剣に「勉強する」こ
とになります。

　ここでの学びは、「新しいことをどんどん吸収する」
のもさることながら、それ以上に、これまで時間をか
けて身につけてきた考えや知識を、きちんと裏付け、強
化する、という方向に向かいます。また、自分自身の
直観の当否を確かめるために学ぶ人も多いはずです。
人間は様々なことを直観的に判断しますが、その「直
観」には、誤りや思い込みがたくさん詰まっています。
たった一つの立場からしかものを考えていなかったり、
ごく少ない情報をもとに広い世の中のことをジャッジ
したりすると、「誰もがわかっていそうなことで、大き

な間違いをする」ことになるのです。そうやってしでかした自分の誤りに向き合うのは、非常に辛い体験となります。プライドが深く傷ついてしまうのです。

　それでも、この時期のあなたは自分の直観やこれまで当たり前のように抱いてきた考えに、自ら学ぶことで「挑む」のです。自分で自分に反論や反証を試み、徹底的に考えを叩いて鍛えて、その上で、「みんなの意見」に敢えてついてゆかない道を選べます。その作業は辛く、苦しいものですが、それをする強さと危機感が、この時期のあなたの中に燃えているのだろうと思います。

❋ 新しい「ロールモデル」

　「ロールモデル」に出会えるかもしれません。人生のお手本にできるような人、マネしたいと思えるようなライフスタイルを見つけられる年です。尊敬できる相手との出会い、憧れの人との出会いがそのまま、「そういう人になりたい」というヴィジョンに繋がります。一般に、芸能人や著名人、自分が活動している世界でトップを走っている人などが「ロールモデル」になりや

すいようですが、2024年はもしかすると、ごく個人的に出会った人が、憧れの生き方を体現している存在と感じられるかもしれません。年齢を重ね、社会経験を重ねるに従って、「ロールモデル」は変わっていきます。そんな社会的成長の節目です。

﹛ 仕事・目標への挑戦／知的活動 ﹜

「野心に点火」する年です。2023年から既に、じわじわと新しい野心を燃やし始めている人も少なくないはずですが、2024年の遅くとも年末までに、その炎がしっかりと燃え始めます。この火は、簡単に吹き消されるような弱いものではありません。地中から湧き上がるマグマのように、ちょっとやそっとでは消えない、しぶといエネルギーです。

ここから2043年頃にかけて、社会的立場が完全に変わってしまう人が少なくないでしょう。20年近い時間の中で、新しい権力や支配力を握ることになるかもしれません。あるいは、非常に大きな財を築く人もいるかもしれません。これまで創り上げたものをいったん

破壊し、その上に新しく、より大きなものを起ち上げる人もいるかもしれません。ここで起こることは、その後の人生の中で、決して繰り返されません。一生に一度の、特別な体験です。

　また、2023年から「時間をかけないと実現できない夢」を追いかけ始めた人もいるはずです。コツコツ努力を積み重ねつつある現在、夢と現実のギャップに打ちのめされそうになることもあるかもしれませんが、決して諦める必要はありません。夢を追えば追うほど、今の自分との差分がハッキリするので、たいていは自信がなくなってゆくものなのです。それでも諦めない粘り強さを、あなたは生来、備えています。

　夢を追いかけるにあたり、この時期は孤独を感じる可能性もあります。仲間と一緒に活動することが好きな人にとっては、この時期は寂しさや疎外感を抱き、「本当にこの方向性でいいのだろうか？」と不安になる場面も多いかもしれません。でも、孤独に耐えてコツコツ進んでゆく時、あなたの目指すものを理解してくれる真の仲間に出会えます。その人たちは非常に年長

であるとか、多くの経験を積んだ「実力者」のような人々なのかもしれません。「見る目のある」人々の信頼や期待に応えるにはさらなる努力が必要になりますが、あなたはその状況を歓迎するはずです。

　前述の通り、「自分の信じる道」をゆくために、この時期のあなたは精力的に学ぶでしょう。特に9月から11月は、情熱の全てを勉強に注ぐ人も少なくなさそうです。この時期の学びは「自分との闘い」となるかもしれません。自分の考えの浅さや間違い、思い込みや誤解などを丁寧に認め、正していくような作業に取り組む人も多いでしょう。過去の自分を自己批判、否定するような学びのプロセスは、とにかく辛く、苦しいものです。でも、それを成し遂げた人こそは、真に信頼に足る、尊敬すべき人です。人間は誰もが間違いを犯しますが、間違いに真摯に向き合う勇気を持つ人は、ほんのわずかです。この時期のあなたの学びに漲る熱、闘志は、そうした勇気に結びつくのだろうと思います。そうしたあなたの姿勢に共鳴してくれる本物の、真剣な仲間が現れ、あなたを支えてくれるはずです。

{ 人間関係 }

人間関係はこの時期「少数精鋭」です。あるいは、友人知己に恵まれてはいるけれど、物理的な距離に隔てられていてなかなか会えない、といった状況になるのかもしれません。交友関係や人脈になんらかの制限が加わり、時に孤独を感じたり、自分の中に閉じこもるような状態に置かれたりする可能性があるのです。ですが、それは決して「悪いこと」ではありません。むしろ、この時期仲良く付き合った相手とは、今後長く付き合い続けていける「終生の友」となれるでしょう。

たくさんの人間関係に囲まれていることを自信の一部としている人、力ある人との繋がりでアイデンティティを支えているような人には、この時期そうした欺瞞を取り払うような出来事が起こるかもしれません。本物の友情とは何かを、徹底的に学べる時です。

{ お金・経済活動 }

2024年5月から2025年6月上旬はズバリ「お金の季節」です。経済活動に強い強い追い風が吹き、一財産

築く人も少なくないでしょう。収入が一気に増える人もいれば、大きな買い物に挑む人もいるはずです。また、「手に職をつける」ことができる時でもあります。才能を収入に結びつけるきっかけを掴めます。

2024年前半までにスタートさせた活動から、ここで「最初の収穫」が得られる可能性もあります。2024年5月からの1年は、とにかく「欲望を率直に生きる」ことがテーマとなります。

｛ 健康・生活 ｝

年齢や日々の活動の変化などにより、体質・体調が大きく変わる時です。また、木星は「拡大・膨張の星」で、体重に問題が出てくるかもしれません。特に年の半ば以降は、その傾向が強まるので、食生活を見直すことでコンディションが改善する可能性があります。さらにここ数年、経済的な不安からストレスが増し、心身が不調だった人は、この1年の中で状況全体が好転し、心身の調子も上向きになるはずです。

◉ 2024年の流星群 ◉

「流れ星」は、星占い的にはあまり重視されません。古来、流星は「天候の一部」と考えられたからです。とはいえ流れ星を見ると、何かドキドキしますね。私は、流れ星は「星のお守り」のようなものだと感じています。2024年、見やすそうな流星群をご紹介します。

4月下旬から5月／みずがめ座η流星群

ピークは5月6日頃、この前後数日間は、未明2～3時に多く流れそうです。月明かりがなく、好条件です。

8月13日頃／ペルセウス座流星群

7月半ば～8月下旬まで楽しめる流星群です。三大流星群の一つで、2024年は8月12日の真夜中から13日未明が観測のチャンスです。夏休みに是非、星空を楽しんで。

10月前半／ジャコビニ流星群
（10月りゅう座流星群）

周期的に多く出現する流星群ですが、「多い」と予測された年でも肩透かしになることがあるなど、ミステリアスな流星群です。2024年・2025年は多数出現するのではと予測されており、期待大です。出現期間は10月6日～10月10日、極大は10月8日頃です。

HOSHIORI

牡牛座 2024年の愛

年間恋愛占い

♥ 変わっていくのは「自分」

　2024年前半は「自分自身の変容」の時間であり、後半は「経済力の強化」の時期となります。愛の世界では、自分自身が変化すると、時に相手が変わったように感じられることがあります。この時期は「相手を見つめる」のもさることながら、自分自身の変化に敏感でいることが大切なのかもしれません。人を見る目が変わり、関わり方が変わり、その結果、愛の形も変わってゆく時間帯です。

｛ パートナーを探している人・結婚を望んでいる人 ｝

　人生を変えるような出会いがある年です。ゆえに、パートナーを探している人、結婚を望んでいる人にとっては、2024年は非常に有望な年と言えます。キラキラした恋愛を半ば受け身で期待している人にはあまり動きがない年となるかもしれませんが、自分から人生を構築すべく、能動的にガンガン動いていく人にとっては、決定的な変革が起きる年なのです。

　特に2024年前半は、「電撃結婚」のようなことが起

こりやすくなっています。出会った瞬間に稲妻に打たれるように恋に落ちるとか、一目見て「この人と結婚することになるな」とわかるなど、驚きを伴うような経緯でパートナーシップがスタートする可能性が高いのです。普段「熱しにくく冷めにくい」と言われる牡牛座の人々ですが、2024年前半に限っては、その傾向が一時的に解除され、「トントン拍子に進む」ことになるかもしれません。もちろん、突然始まった愛の物語に戸惑いや不安を感じる人もいるはずですが、表面的な感情の揺れとは別に、お腹の中に「これしかない」というような確信の感覚が持続しているなら、おそらく「展開のはやさ」自体を警戒する必要はないのだろうと思います。

　ただし、この時期のもう一つのテーマは「自由・自立」です。自由な生き方や未来を夢見ることを阻むようなパートナーシップは、早晩崩壊します。あなたがあなた自身としてのびのびと、限りなく自由に生きていくための条件が守られているのでない場合は、たとえ電撃的な出会いがあっても、その関係は長続きしないはずです。一人の人間としてリスペクトされること、

従属的な人間として見なされたり、なんらかの既存の枠組みにはめ込まれたりしないことが、この時期始まるパートナーシップの最大の条件です。

❴ パートナーシップについて ❵

　あなた自身が自由な生き方を強く求める時なので、パートナーとの関係性も少なからず変化し始めます。特に、支配─被支配のような関係が固定化していたならば、この時期は衝突や摩擦が避けられないかもしれません。支配関係については、支配される側はもちろん、支配する側も、その関係から自由ではいられません。どちらが上になれば良いかといった観点ではなく、互いがより自由に結びつくにはどうしたらいいかという方向で、話し合いが重ねられていくでしょう。

　また、人生の転機にさしかかって非常に多忙になり、パートナーのケアに割く時間や労力が減ってしまう人もいるかもしれません。また、後半は自分自身の経済力が強まるため、たとえば「誰が誰を養っているか」といったプライドに抵触する議論が生まれる可能性もあります。まず何よりも愛を大切にし、お互いの関係

をどのように前向きに営んでゆくかを考える姿勢を意識的に維持することができれば、こうした変化による危機は回避できるでしょう。

﹛ 片思い中の人・愛の悩みを抱えている人 ﹜

　年の前半は「自分自身」が大きく変わる時なので、長い間片思いを続けている人や、愛の悩みをずっと抱え続けている人は、その問題自体に対する見方が変わる可能性があります。特に片思いや愛の悩みによって「自由が奪われている」「身動きが取れなくなっている」と感じている人は、そうした不自由な状況への反抗心が強まり、自ら「縛りを解除する」方向へと動き出せるでしょう。自立心、独立心の高まりが、愛の悩みの突破口になりそうです。

　また、たとえば経済的な事情から「別れたいのに別れられない」状況に置かれている人は、2024年半ばからの1年で、その状態から離脱するための経済力を獲得できる可能性があります。

﹛家族・子育てについて﹜

　11月から2025年1月6日、そして2025年4月半ばから6月半ばは「居場所が動く」時間となっています。引っ越しや家族構成の変化、一時的な移住などが起こりやすい時です。また、家族同士で徹底的に「膿を出す」ようなコミュニケーションを重ねられる時期でもあります。ガンガン話し合い、思いをぶつけ合って、絆の再構築をする人もいるはずです。

　子育てについては7月末から9月まで「立ち止まって振り返る」ような作業が発生するかもしれません。これまでの自分のやり方を見つめ直したり、子供が「実はこう思っていた」といった思いを語るのに耳を傾けたりする時間を持てるかもしれません。自分自身が子供だった頃のことを思い出し、そこから新しい考え方が生まれる可能性もあります。

﹛2024年　愛のターニングポイント﹜

　4月末から5月、7月末から11月に、愛の強い追い風が吹きます。また、8月から9月は「失った愛がよみがえる」ような出来事も起こるかもしれません。

HOSHIORI

牡牛座　2024年の薬箱

もしも悩みを抱えたら

❈2024年の薬箱 〜もしも悩みを抱えたら〜

誰でも日々の生活の中で、迷いや悩みを抱くことがあります。2024年のあなたがもし、悩みに出会ったなら、その悩みの方向性や出口がどのあたりにあるのか、そのヒントをいくつか、考えてみたいと思います。

◈交友関係における疑心暗鬼

2023年に引き続き、交友関係に悩む場面が少なくないかもしれません。交友関係において孤独感を抱いたり、漠然とした不安を感じたり、「仲良くしてもらっているけれど、本当は相手は自分をそれほど好きではないのかもしれない」「イヤイヤつきあってくれているのかもしれない」「陰で悪口を言われているのかも」等々、疑念に苛（さいな）まれたりすることもありそうです。ただ、この時期の交友関係における悩みの大部分は、あなたの妄想です。疑心暗鬼に飲み込まれて、現実の交友関係にひびを入れることがないよう、気をつけるべきなのかもしれません。相手に対するネガティブな思いは、実はあなた自身の恐れや怯え、未来や社会に対する自信

のなさなどの投影です。人を信じる気持ち、人を大切にする気持ちを、自分自身と闘いながら少しずつ育て、そのプロセスで本物の友情が生まれる時です。

◆変化の振り幅に耐える

　5月末まで「人生の一大転機」の中にあるため、変化の波に飲み込まれ、不安が強まるかもしれません。日常生活が変わることがとても苦手な牡牛座の人々なので、この時期の変化の振り幅の大きさに、疲れ切ってしまう可能性があるのです。不安や悩みを抱いた時は、まず「身体が疲れていないか」を考えてみてください。体調不良からネガティブな気持ちが湧き上がっているのかもしれません。睡眠や食事などを改善するだけで、心が明るくなる人もいるはずです。年の後半は「外出」で心の換気ができそうです。近所を歩き回るだけでも、ストレス発散になる気配も。新しい知識を取り入れることも、心を明るくするコツです。

2024年のプチ占い（牡羊座〜乙女座）

牡羊座 (3/21-4/20生まれ)

特別な縁が結ばれる年。特に春と秋、公私ともに素敵な出会いがありそう。年の前半は経済活動が熱く盛り上がる。ひと山当てる人も。年の半ば以降は、旅と学び、コミュニケーションの時間へ。成長期。

牡牛座 (4/21-5/21生まれ)

約12年に一度の「人生の一大ターニングポイント」が5月末まで続く。人生の転機を迎え、全く新しいことを始める人が多そう。5月末以降は、平たく言って「金運の良い時」。価値あるものが手に入る。

双子座 (5/22-6/22生まれ)

大きな目標を掲げ、あるいは重大な責任を背負って、ひたむきに「上を目指す」年。5月末からは素晴らしい人生のターニングポイントに入る。ここから2025年前半にかけ「運命」を感じるような出来事が。

蟹座 (6/23-7/23生まれ)

夢と希望を描く年。素敵な仲間に恵まれ、より自由な生き方を模索できる。新しい世界に足を踏み入れ、多くを学べる年。9月から2025年春にかけて「自分との闘い」に挑む時間に入る。チャレンジを。

獅子座 (7/24-8/23生まれ)

大活躍の年。特に5月末までは、仕事や対外的な活動において素晴らしい成果を挙げられる。社会的立場がガラッと変わる可能性も。独立する人、大ブレイクを果たす人も。11月以降も「勝負」の時間。

乙女座 (8/24-9/23生まれ)

冒険と成長の年。遠い場所に大遠征を試み、人間的に急成長を遂げる人が多そう。未知の世界に思い切って足を踏み入れることになる。5月末以降は大活躍、大成功の時間へ。社会的立場が大きく変わる。

（※天秤座〜魚座はP.96）

HOSHIORI

牡牛座 2024年 毎月の星模様

月間占い

◆星座と天体の記号

　「毎月の星模様」では、簡単なホロスコープの図を掲載していますが、各種の記号の意味は、以下の通りです。基本的に西洋占星術で用いる一般的な記号をそのまま用いていますが、新月と満月は、本書オリジナルの表記です（一般的な表記では、月は白い三日月で示し、新月や満月を特別な記号で示すことはありません）。

♈：牡羊座	♉：牡牛座	♊：双子座
♋：蟹座	♌：獅子座	♍：乙女座
♎：天秤座	♏：蠍座	♐：射手座
♑：山羊座	♒：水瓶座	♓：魚座
☉：太陽	●：新月	○：満月
☿：水星	♀：金星	♂：火星
♃：木星	♄：土星	♅：天王星
♆：海王星	♇：冥王星	
℞：逆行	ᴆ：順行	

◆ 月間占いのマーク

　また、「毎月の星模様」には、6種類のマークを添えてあります。マークの個数は「強度・ハデさ・動きの振り幅の大きさ」などのイメージを表現しています。マークの示す意味合いは、以下の通りです。

　マークが少ないと「運が悪い」ということではありません。言わば「追い風の風速計」のようなイメージで捉えて頂ければと思います。

★彡　　特別なこと、大事なこと、全般的なこと

✊　　　情熱、エネルギー、闘い、挑戦にまつわること

🏠　　　家族、居場所、身近な人との関係にまつわること

¥　　　経済的なこと、物質的なこと、ビジネスに
　　　　おける利益

✎　　　仕事、勉強、日々のタスク、忙しさなど

♥　　　恋愛、好きなこと、楽しいこと、趣味など

MONTHLY HOROSCOPE

1

JANUARY

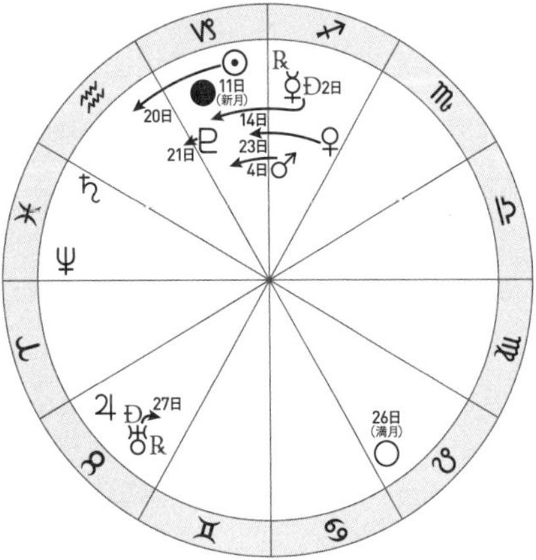

◈「慣れた世界」の外側へ。

知的刺激に恵まれます。好奇心が湧き上がり、色々なことを学びたくなるでしょう。長編作品を「全巻制覇」するなど、ボリュームのある体験ができそうです。2024年は牡牛座の人々にとって、大きく世界が広がる時期となっています。「慣れたこと」の外側にどんどん飛び出してみたい年明けです。

◈経済的な問題が解決に向かう。

12月半ば頃からお金に関して、停滞や混乱があったかもしれません。特に、誰かからの支払いを待ったり、受け取るべきものを受け取れなかったりした人は、年が明けると同時に「待ち状態」から解放されそうです。パートナーや関係者が経済的な問

題に直面していたなら、その問題も年明け以降、解決に向かうでしょう。お金や物質的なことについて、月の前半は特に計算ミスや言葉の上での行き違いが多くなる気配も。「早合点」と「言い過ぎ」に気をつけたいところです。

◈社会的に、大きな変化の波が起こる。

月の下旬、仕事や対外的な活動、社会的立場に関することが大きく動き出します。ポジションがガラッと変わる人、今までと全く違った状況に立たされ、意志決定を求められることになる人もいるでしょう。過去の自分を否定することなく、これからの自分自身を信じて、一歩踏み出して。

♥親密さが「正常化」する。

とても官能的な時間となっています。12月中に愛の関係に混乱や行き違いが生じていた人は特に、1月に入ると深い愛のコミュニケーションを実現できるでしょう。ただ、月の前半は「親しき仲にも礼儀あり」を念頭に置いて。

1月 全体の星模様

12月半ばから射手座で逆行中の水星が2日、順行に戻ります。コミュニケーション上の問題、遠方とのやりとりや移動の問題が解決に向かうでしょう。とはいえ月の半ばまでは、流言飛語の危険も。火星は山羊座で力を増し、権力闘争が煽られます。21日、昨年3月以来二度目の冥王星水瓶座入り、時代の大きな節目に。ただし冥王星の水瓶座入り完了は11月20日、まだ中間地点です。

2

FEBRUARY

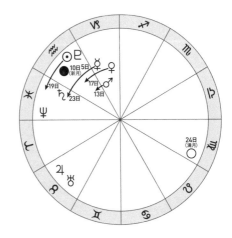

◆**月の後半、大挑戦の季節へ。**

月の前半はよく学び、準備をしておけば、月の半ば以降の爆発的な多忙期にとても役立ちます。月の後半はかなり大きなチャンスが巡ってくる可能性があります。できるとわかっていること、知っていることの範囲内に閉じこもろうとせず、未知の世界に飛び出していくチャレンジ精神を大切に。

◆**人を受け入れるか、隔てるか。**

13日から23日頃、かなり忙しい状態になりそうです。やるべきことがどんどん出てきますし、状況がとにかくスピーディーに変化していくでしょう。気を引き締めて臨みたい時です。この時期は「人に頼れない」という孤独感が強まるかもしれません。

36

でも、現実にはあなたをサポートしようとしてくれている人は、潜在的に存在しているようです。自分が意地を張っているだけなのだとすれば、ガードを解除して受け入れる気持ちを持つだけで、状況はかなりラクになるはずです。自分自身の態度、気持ち次第で、周囲の人々の様子がガラッと変わって見えるかもしれません。

♥「ここではない、どこか」を目指す意識。　　♥♥

17日まで、雄大な追い風が吹いています。普段の生活圏の外にはみ出した時、愛のチャンスを掴みやすいでしょう。月の前半は特に「ここではない、どこか」に愛の芽があるタイミングです。月の後半は「戦友」と呼べるような相手との縁ができやすくなります。カップルも共に学び、共に切磋琢磨する場で愛を育てることができそうです。普段、なにかと相手に依存しがちだなと感じる人は、「自分の足で立つ」ことを意識すると、前向きな変化が。24日前後、フリーの人もカップルも、とても嬉しいことが起こりそうです。

❯❯❯ 2月 全体の星模様 ❮

火星は13日まで、金星は17日まで山羊座に滞在します。2022年の1月から3月頭に起こった出来事をなぞるような、あるいは明確にあの頃の「続き」と感じられるような出来事が起こるかもしれません。さらに月の半ばを過ぎて、社会的に非常にビビッドな転換点が訪れるでしょう。冥王星に火星、金星が重なり、人々の「集合的無意識」が表面化して大きな潮流が生じます。

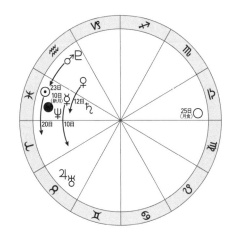

◆**熱い野心、突然の挑戦。**　

ガンガンチャレンジできる熱い多忙期です。新しい野心のもと
に、かなり思い切った挑戦ができます。長い間あたためてきた
プランを実行に移す人もいれば、突然衝撃的な出来事が起こり、
それをきっかけに突発的に大勝負の世界に飛び込んでいく人も
いるでしょう。「いつものやりかた」にこだわらないで。

◆**仲間から手渡される転機。**　★彡★彡

交友関係は前半は混乱や不安なところがあるかもしれませんが、
月の半ばを過ぎると一気に好転します。時間をかけてじっくり
人に寄り添うことで、徐々に好意や情愛が伝わります。相手の
思いやりや優しさも、12日以降は特に、受け取りやすくなるは

38

ずです。人と広く関わることで人生が大きく変わり始める人も。
転機が仲間や友達の手を通じて訪れる時です。

◆月末、努力が意外な形で報われる。
10日前後、少々驚きを伴うような、素敵な出会いがありそうで
す。意外な人が親友になってくれるかもしれません。気持ちが
通じ合う時です。25日前後には、仕事や対外的な活動において、
コツコツ頑張ってきたことが「化ける」ような展開になるかも
しれません。驚きの形で努力が報われます。

♥愛の世界で「頑張る」試み。 ♥ ♥
パートナーを探している人は、目標を掲げ、作戦を立てて、戦
略的に行動できる時です。パートナー探しを仕事のように捉え、
責任持って能動的に動けば、すぐに結果が出る可能性がありま
す。パートナーがいる人は「共闘」と「リスペクト」がキーワー
ドです。頑張っている相手を認め、共に闘う思いを分かち合
うことで、心の距離が縮まります。

≫≫ 3月 全体の星模様 ≪

火星が冥王星と水瓶座に同座し、非常に鉄火な雰囲気が漂います。
2023年頃から静かに燃え始めた野心が、最初のハッキリした「発
火」を起こしそうです。月の上旬は水星が魚座に位置していて、コ
ミュニケーション上の混乱が起こりやすいかもしれません。10日
を境にその混乱がすうっと収まり、かわってとても優しい愛が満
ちてきます。共感と信頼、救済の力を感じられます。

MONTHLY
HOROSCOPE

4

APRIL

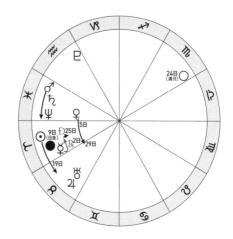

◆**まとめ役としての存在感。**

交友関係が熱く盛り上がります。多くの人と関わり、様々な刺激を受け取れそうです。一方、仲間内で摩擦や衝突が起こる気配もあります。この時期はあなたがまとめ役となったり、話の聞き役となったりすることで、揉めごとが収まる傾向が。あなたのどっしりした存在感を頼って、人が集まります。

◆**未来のために、過去を振り返る。**

年度初めらしく、新しい計画がどんどん持ち上がります。未来のスケジュールが次々に埋まり、忙しい未来のヴィジョンが浮かぶでしょう。「これから忙しくなるぞ」という気配が強まるほど、「その前に片づけておかなければ」と思えるタスクが見えて

40

きます。旧年度にやり残したことをしっかりやりきったり、気になっていたことを見直したりして、できるだけ状況をスッキリさせておく必要があります。

◆解決しそうもない問題が、解決に向かう。　★彡★

9日前後、意外な問題解決が起こりそうです。諦めかけていたことがひっくり返る気配が。24日前後、誰かと一緒に大きな決断をすることになるかも。重要な契約を交わす人も。

♥大切なものを、大切に扱う。　♥

二人だけの時間を大切にしたい時です。外野の干渉をブロックし、友達との「恋バナ」で感情を消費してしまわないよう気をつけるなど、愛というものをとてもデリケートに扱う必要があります。人の心はとても傷つきやすく、言葉や他人の目から敏感に影響を受けます。そうした影響から愛を守ることが、相手を大切にすること、ひいては愛することそのものに繋がります。愛が「息を吹き返す」ような現象も。

▶▶▶ 4月 全体の星模様 ◀

水星が牡羊座で逆行し、そこに金星が重なります。これは、混乱や緩みが感じられる配置です。年度替わりに「スタートダッシュ！」と意気込んでも、なぜかもたもた、ノロノロするかもしれません。先を急がずどっしり構えることがポイントです。魚座で土星と火星が同座し、ある種の手厳しさが強調されています。不安が反転して怒りが燃え上がるような、「逆ギレ」的展開も。

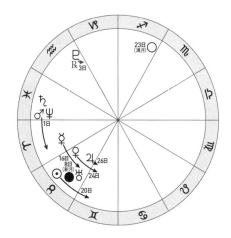

◆一大転機の、クライマックス。 ★彡★★彡

2023年5月から「約12年に一度の、人生の一大ターニングポイント」に入っていますが、その最終段階であり、最大のクライマックスがここに置かれています。たくさんの星があなたのもとに集まり、新しいことを始めること、新しい世界に向かうことを促しています。思い切ってアクションを起こして。

◆見えないところを片づける。

目に見えて華やかな変化が続く一方で、第三者の目に見えないところでも熱い変化が起こります。隠れた問題を解決したり、厄介な人と向き合ったりと、生活の上での慢性的なボトルネックを解消できる時です。普段「臭い物に蓋」をしてきたところが

あれば、その蓋を取って徹底的に掃除できます。

◆月末、風が変わって落ち着く。

8日前後、突然面白いことが始まるかもしれません。弾けるような華やかな「ブレイク」を果たす人もいそうです。さらに23日から26日頃、風が変わります。嵐のような転機を抜けて、少し落ち着いた気持ちになれそうです。

♥「愛を生きる」時。　　　　　　　　♥ ♥ ♥

愛の星・金星は、牡牛座の支配星でもあり、この星があなたのもとにある今、最強の愛の追い風が吹いています。人生を変えるような出会いもあれば、少し前に出会った相手と大切な約束を交わす人もいるでしょう。「まだ何もない」という人も、転機の風を利用するような思いで、行動を起こしてみたい時です。きっと結果が出ます。パートナーがいる人は、自分からの愛情表現をしっかりすることで月末、意外な愛の返礼を受け取れるかもしれません。「愛を生きる」ことを意識して。

≫ 5月 全体の星模様 ≪

牡牛座に星々がぎゅっと集まり、2023年5月からの「牡牛座木星時間」の最終段階に素晴らしい彩りを添えます。約1年頑張ってきたことがここで、非常に華やかな形で「完成」しそうです。牡牛座は物質・お金の星座であり、社会的には経済や金融などの分野で大変化が起こる可能性があります。20日から26日にかけて星々は順次双子座へ移動し、新しい時間が幕を開けます。

6

JUNE

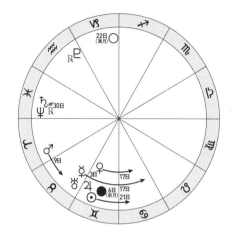

◆**熱い勝負の時間。**

5月末に「一大転機」が一段落し、月の上旬はひと休みできます。中旬に入ると一転、情熱と意欲の星・火星があなたのもとに巡ってきて、一気にアクティブな熱い空気に包まれます。ここからなんらかの「勝負」を始める人が少なくないでしょう。いつもの自分とは少し違うモードでチャレンジできます。

◆**真の価値について学ぶ。**

5月末から約1年の「お金の時間」に入っています。その最初の段階である今月は、特にお金や買い物、稼ぐことについて「学ぶ」時間となっています。大きな買い物に臨むにあたり情報収集を始める人、手に職をつけるために勉強を始める人もいるで

しょう。知れば知るほど欲しくなるケースもあれば、「よく調べたらそれほど欲しくなくなった」となる可能性も。知ることで、真に価値あるものに近づけます。

◈ 17日以降、爽やかな追い風が。
17日を境に空気が変わります。多方面から声をかけられたり、外出の機会が増えたりと、爽やかな追い風が吹き始めます。

♥「自分ルール」を破り、大胆に動く。
「恋愛では自分から動かない」「自分の恋愛のスタイルはこれ」など、愛の世界で「自分らしさ」「キャラ」を設定している人もいますが、この時期はそうした設定を解除することで、愛が動きます。無意識に「これだけは絶対しない」と決めているルールに気づき、そのルールに大した合理性がないとわかって、敢えてそのルールを盛大に破るようなアクションを起こしたら、素晴らしい出会いがあった！といった展開になりやすいのです。勇敢かつ大胆に動いてみたい時期です。

》 6月 全体の星模様 《

双子座入りした木星に、水星、金星、太陽が寄り添い、ゆたかなコミュニケーションが発生しそうです。どの星もにぎやかでおしゃべりな傾向があり、あらゆる立場の人が一斉にしゃべり出すような、不思議なかしましさが感じられるでしょう。17日、水星と金星が揃って蟹座に抜けると、騒々しさは少し落ち着くかもしれません。全体に「流言飛語」「舌禍」に気をつけたい時間です。

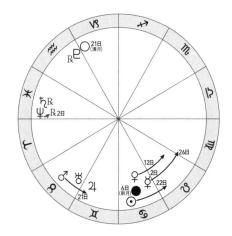

◆**熱いエネルギーを、どう発散するか。** 🖐🖐

21日まで、熱い勝負の時間です。自分でも驚くほど「弾ける」
場面がありそうです。突発的に大暴れするようなシーン、怒り
が爆発したり、普段溜め込んでいたガマンが暴発したりする展
開もあるかもしれません。過剰な抑圧はかえって危険です。内
なるエネルギーをどう生きるかが、この時期のテーマです。

◆**経済的な「勝負」のスタート。** ¥¥¥

21日を過ぎると、強い欲が湧き上がるかもしれません。「絶対
に手に入れたい！」と思えるアイテムに出会ったり、「このくら
い稼ぎたい」という金銭的な目標ができたりするかもしれませ
ん。ここから9月頭にかけて、経済活動には「勝負」の熱がこ

もります。闘って勝ち得るものがありそうです。

◎ 居場所に愛が満ちる。

なにかと家に人が集まったり、家族で行動したりと、周囲がとてもにぎやかな時です。日常生活の登場人物が多い中、自然にリーダーシップを取ることになるかもしれません。まとめ役として動く中で、身近な人たちと、いつもとは違った話もできそうです。家の中がとてもあたたかく、楽しくなります。

♥ 愛の経験を通して、人として変化する。

愛の世界では必ず、その関わりを通して自分自身が変化するものです。この時期は特にその、変化の振り幅が大きいかもしれません。自分一人だったら決して経験できないようなことを経験できます。また、相手のために自分のルールを敢えて変更するような場面もありそうです。一度相手の世界にどっぷり浸かってみることで、自分自身の新しい可能性が見えてきます。愛の世界で新しい自分に出会えそうです。

7月 全体の星模様

牡牛座の火星が天王星に重なり「爆発的」な雰囲気です。特に経済活動に関して、驚きの変化が起こりそうです。蓄積されてきたエネルギーに火がつく節目です。21日、火星は木星が待っている双子座に入ります。この21日は今年二度目の山羊座の満月で、水瓶座に移動完了しつつある冥王星と重なっていて、こちらも相当爆発的です。世の中がガラッと変わるような大ニュースも。

8

AUGUST

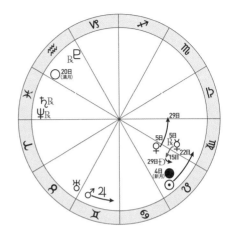

◆**穏やかな時間の到来。**

比較的落ち着いた時間です。年明けから怒濤の日々を過ごして
いた人も少なくないはずですが、ここへ来てすうっと海が凪い
だような状態になりそうです。家でゆっくりする人、「落ち着い
たらやろう」と思っていたことに手をつける人もいるでしょう。
先を急ぐことなく、穏やかにゆったり過ごせます。

◆**熱い経済活動の季節。**

生活の雰囲気は上記の通り、穏やかさがありますが、経済活動
はガンガン盛り上がります。精力的に稼ぐ人、経済活動を拡大
する人、大きな買い物に臨む人など、「自分の手で獲得する」た
めに汗をかける時です。「自分の価値」を新たな目で捉える人も

いるかもしれません。もちろん、人としての価値と経済的な価値は全く別のものです。「稼げない自分」を「生きている価値がない」などと誤解する人もいますが、それは完全な間違いです。でも「自分の手で、もっと多くを掴み取ることができるかもしれない」という可能性に着目することは、決して悪いことではありません。才能や特技、意欲、経験などの新しい活かし方を発見できそうです。

♥ 愛の「懐の深さ」。　　　　　　　　　　　

愛の星の後押しがある時です。愛の物語が前向きに動く時で、フリーの人もカップルも、嬉しいことが多いでしょう。ただ、この時期は「想定内」「予定通り」に動くことがほとんどありません。予定はどんどん変更になりますし、進むと思ったら止まったり、失ったと思ったら取り戻したりと、「意外なことだらけ」なのです。焦らず、無理にコントロールしようとせず、まずは「人の心の複雑さ」を大きく受け止める心の余裕を持って。柔軟さ、懐の深さが問われる時です。

▶ 8月 全体の星模様

双子座に火星と木星が同座し、あらゆる意味で「熱い」時期となっています。荒ぶるエネルギーが爆発するようなイメージの配置で、普段抱えている不満や問題意識がはじけ飛んだようなアクションを起こせそうです。徹底的な交渉の上で要求を通せます。一方、5日から29日まで水星が乙女座ー獅子座にまたがって逆行します。金星も重なっていて、少々グダグダになる雰囲気も。

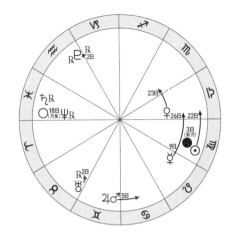

◆ **リズムが整う。**　

好調な、楽しい時間です。心身のコンディションが上向きになり、身も心も軽やかに過ごせるでしょう。8月中に「やりたいのにやれない」ことがあった人は、ここでしっかりやりたいことに取り組めます。夏の間なんとなく落ち着かなかった人も、遅くとも9月中旬には生活のリズムを取り戻せます。

◆ **勇気を出して新規開拓。**

フットワークを活かして道を切り開ける時です。あちこち動き回り、新しいことに触れることが大切です。慣れたことの外側に出ると、牡牛座の人々は強い不安や不快感を抱き、全てに批判的になってしまうこともあるのですが、そうした「不安感か

らの逆ギレ」的反応は、今は意識的にしまっておく必要がある
のかもしれません。多少無理をしてでも新規開拓にチャレンジ
する中で、新しい可能性を掴めます。

◆ミラクルな形で夢が叶う。

3日前後、とても素敵なことが始まりそうです。夢中になれる
何かに出会う人も。18日前後には、不思議な形で夢が叶うかも
しれません。「ミラクル」を感じられるタイミングです。

♥知的好奇心が愛の扉に。

爽やかな追い風を感じられます。8月中は「好調ながらもなん
となく不安定」な状態だった人が少なくないはずですが、9月
に入ると安定感が出てきて、「安心して愛し合える」環境を作れ
そうです。愛を探している人は、意外と日常的な環境に芽を見
つけられるかもしれません。また、知的好奇心がきっかけで「同
志」のような相手に出会い、そこから愛が芽を吹く可能性もあ
ります。物事を面白がるセンサーを大切に。

》》 9月 全体の星模様 《

双子座で木星と同座していた火星が蟹座に抜け、ヒートアップし
た雰囲気が一段落します。金星は既に天秤座に「帰宅」しており、
水星も順行に戻って9日から乙女座入り、オウンサインです。水
星も金星も自分の支配する星座で、その力がストレートに出やす
いとされる配置になります。コミュニケーションやビジネス、交
渉や人間関係全般が、軌道修正の流れに乗ります。

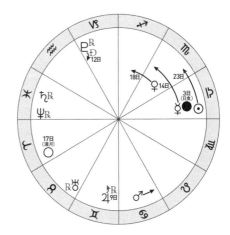

◆**アンバランスゆえに伝わるもの。**

愛と情熱の人間関係の時間です。人の優しさや愛情をストレートに受け取れますし、自分の思いも勇気を出してぶつけられます。ただ、この時期のやりとりにはスマートさ、洗練されたバランスの良さなどは微塵もありません。どこか不器用で、アンバランスだからこそ、伝わるものがあるようです。

◆**一時的に「人に合わせる」。**

敢えて「自分のやりかた」を棚に上げ、人のやり方に合わせることで、学べるものが多そうです。たとえば書道の練習などでも、最初はお手本をなぞることから始まります。ある程度の形ができてから、「自分らしさ」を出せるようになります。この時

期は人から「最初の型」を学べる時間で、その間は自分のやり方を一時的に封印するのも大事なことなのです。18日以降は自分らしいやり方への道が拓かれます。

◈日常生活の問題解決。
3日前後、生活に新風が吹き込みます。新しい生活習慣を導入して、人生が変わる人も。17日前後、問題解決の節目です。

♥飾らない魅力。
素晴らしい愛の時間です。冒頭の「アンバランス」が、愛の世界にも当てはまります。この時期は格好つける必要が一切ありません。なりふり構わず相手の懐に飛び込んでいくようなやり方が、この時期に最もフィットするようです。駆け引きをしたり、自分を守るために保険をかけたり、外野の目を気にしたりすると、後悔することになる可能性も。正直で素朴な情熱が、不可能を可能にするようなエネルギーを生み出します。カップルも飾らない愛情表現を。

》10月 全体の星模様

引き続き、火星が蟹座に位置し、金星は蠍座に入っています。太陽は天秤座で、これらの配置は全て「ちょっと変則的な面が出る」形とされています。エネルギーが暴走したり、タイミングがズレたりと、想定外の展開が多そうですが、そうしたはみ出る部分、過剰な部分がむしろ、物事の可能性を広げてくれます。3日は天秤座での日食、南米などで金環日食が見られます。

MONTHLY
HOROSCOPE

11

NOVEMBER

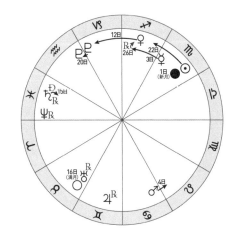

◆**欲しいものを手に入れるための環境。** 🏠🏠🏠

「居場所が動く」時間に入ります。ここから2025年初夏にまたがって、引っ越しや家族構成の変化などが起こりそうです。特に経済的な発展を目指しての移動、欲しいものややりたいことがあるが故の、「求めるもの」のための環境の変更を選択することになるようです。望みを叶える環境を作る時です。

◆**帳尻が合うまでに、少し時間がかかる。** 💴💴💴

時間をかけてじっくり経済活動に取り組めます。たとえば、あなたがビジネスにおいてトライしていることに、周囲が参加し始めて、少し混乱が起こるかもしれません。あなた自身の活動が、他者や外界へと広がる時、安定的なサイクルが生まれるま

54

でに少し時間がかかるのです。年明け頃にはあなたの取り組みの意義が理解され、スムーズな協力体制が整います。お金やものの貸し借りが発生したり、複雑な授受が行われますが、これも帳尻が合うまでに、少し時間がかかります。

◎ 素敵な「ブレイク」が起こる。　　　★彡★彡★彡

16日前後、驚くような変化が起こるかもしれません。ずっと続けてきたことが意外な進展を見せ、「ブレイク」します。

♥「二人だから闘える」という共通認識。　　★彡★彡

1日前後、素敵な出会いがあるかもしれません。長期的な視野に立って、非常に真剣な気持ちで付き合えそうです。相手とのバックグラウンドの大きな差が、逆にお互いを近づけるきっかけになるかもしれません。カップルは人生の目標を共有する、という意識が強まりそうです。世の中の厳しさ、人生の困難に対しても「二人だから闘える」という見通しを新たに共有できる時です。

》》11月 全体の星模様 《《

火星は4日から1月6日まで獅子座に滞在し、さらに逆行を経て2025年4月18日から6月17日まで長期滞在します。2025年半ばまでの中で、二段階にわたる「勝負」ができる時と言えます。射手座の水星と双子座の木星は、互いに支配星を交換するような「ミューチュアル・リセプション」の位置関係になります。錯綜するニュースがセンセーショナルに注目されそうです。

12

DECEMBER

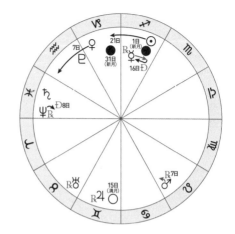

◆**野心の一端をぶつける場。**

キラキラしたチャンスが巡ってきます。気軽にパッと手を伸ばして掴んだ機会が、意外なビッグプロジェクトに発展する可能性も。あなたの胸の中には今、大スケールの野心がふつふつと燃え始めているのですが、その野心の一端をぶつけられる場面があるはずです。覚悟を決めてチャレンジを。

◆**「お任せ」する度量。**

「取り戻す」「整理する」動きの中にあります。預けていたものが返ってきたり、損失を取り戻せたりするかもしれません。また「鶴の恩返し」のように、過去に誰かにしてあげたことが、巡り巡って面白い形で返ってくる気配もあります。人の好意に甘

えるにあたっては、相手のやり方に口出ししないことが大事です。相手には相手の方法論があります。少し非合理だなと思えても、お世話になるならあくまで「お任せ」で。

◈ 行きたかった場所に向かう切符。 ★彡★彡

15日前後、素敵なものが手に入りそうです。年末年始、ずっと行きたかった場所に行くためのチケットを入手できるかも。

♥「頑張る姿」が輝く。 ♥

愛を探している人は、この時期ハッキリした目的意識を持って、戦略的に行動すると、結果を出せそうです。「何かいいことがないかな」と漫然と待ってしまうと、この時間は多忙さに紛れて何事もなく流れ去ってしまいます。カップルは部屋や家の中を徹底的に片づけることが関係改善に繋がりそうです。また「頑張っている人」は、いつでも魅力的なものですが、この時期は特に、頑張る姿が輝きます。フリーの人もカップルも、何事にも意欲的に取り組むと良さそうです。

》 12月 全体の星模様 《

水星は16日まで射手座で逆行します。「流言飛語による混乱」を感じさせる形です。コミュニケーションや交通機関にまつわる混乱が起こりやすいかもしれません。火のないところにウワサが立って大きくなる時なので「舌禍」に気をつけたいところです。水瓶座入りしたばかりの冥王星に、獅子座の火星が180度でアプライ（接近）します。欲望や戦意が荒ぶる高揚を見せそうです。

月と星で読む
牡牛座 366日のカレンダー

◆月の巡りで読む、12種類の日。

　毎日の占いをする際、最も基本的な「時計の針」となるのが、月の動きです。「今日、月が何座にいるか」がわかれば、今日のあなたの生活の中で、どんなテーマにスポットライトが当たっているかがわかります（P.64からの「366日のカレンダー」に、毎日の月のテーマが書かれています。🌙マークは新月や満月など、◆マークは星の動きです）。

　本書では、月の位置による「その日のテーマ」を、右の表のように表しています。

　月は1ヵ月で12星座を一回りするので、一つの星座に2日半ほど滞在します。ゆえに、右の表の「〇〇の日」は、毎日変わるのではなく、2日半ほどで切り替わります。

　月が星座から星座へと移動するタイミングが、切り替えの時間です。この「切り替えの時間」はボイドタイムの終了時間と同じです。

1. **スタートの日**：物事が新しく始まる日。
「仕切り直し」ができる、フレッシュな雰囲気の日。

2. **お金の日**：経済面・物質面で動きが起こりそうな日。
自分の手で何かを創り出せるかも。

3. **メッセージの日**：素敵なコミュニケーションが生まれる。
外出、勉強、対話の日。待っていた返信が来る。

4. **家の日**：身近な人や家族との関わりが豊かになる。
家事や掃除など、家の中のことをしたくなるかも。

5. **愛の日**：恋愛他、愛全般に追い風が吹く日。
好きなことができる。自分の時間を作れる。

6. **メンテナンスの日**：体調を整えるために休む人も。
調整や修理、整理整頓、実務などに力がこもる。

7. **人に会う日**：文字通り「人に会う」日。
人間関係が活性化する。「提出」のような場面も。

8. **プレゼントの日**：素敵なギフトを受け取れそう。
他人のアクションにリアクションするような日。

9. **旅の日**：遠出することになるか、または、
遠くから人が訪ねてくるかも。専門的学び。

10. **達成の日**：仕事や勉強など、頑張ってきたことについて、
何らかの結果が出るような日。到達。

11. **友だちの日**：交友関係が広がる、賑やかな日。
目指している夢や目標に一歩近づけるかも。

12. **ひみつの日**：自分一人の時間を持てる日。
自分自身としっかり対話できる。

◆太陽と月と星々が巡る「ハウス」のしくみ。

前ページの、月の動きによる日々のテーマは「ハウス」というしくみによって読み取れます。

「ハウス」は、「世俗のハウス」とも呼ばれる、人生や生活の様々なイベントを読み取る手法です。12星座の一つ一つを「部屋」に見立て、そこに星が出入りすることで、その時間に起こる出来事の意義やなりゆきを読み取ろうとするものです。

自分の星座が「第1ハウス」で、そこから反時計回りに12まで数字を入れてゆくと、ハウスの完成です。

第1ハウス:「自分」のハウス
第2ハウス:「生産」のハウス
第3ハウス:「コミュニケーション」のハウス
第4ハウス:「家」のハウス
第5ハウス:「愛」のハウス
第6ハウス:「任務」のハウス
第7ハウス:「他者」のハウス
第8ハウス:「ギフト」のハウス
第9ハウス:「旅」のハウス
第10ハウス:「目標と結果」のハウス
第11ハウス:「夢と友」のハウス
第12ハウス:「ひみつ」のハウス

例:牡牛座の人の場合

自分の星座が
第1ハウス

反時計回り

たとえば、今日の月が射手座に位置していたとすると、この日は「第8ハウスに月がある」ということになります。

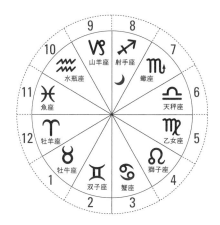

前々ページの「〇〇の日」の前に打ってある数字は、実はハウスを意味しています。「第8ハウスに月がある」日は、「8. プレゼントの日」です。

太陽と月、水星から海王星までの惑星、そして準惑星の冥王星が、この12のハウスをそれぞれのスピードで移動していきます。「どの星がどのハウスにあるか」で、その時間のカラーやそのとき起こっていることの意味を、読み解くことができるのです。詳しくは『星読み+ 2022〜2032年データ改訂版』(幻冬舎コミックス刊)、または『月で読むあしたの星占い』(すみれ書房刊)でどうぞ!

1 · JANUARY ·

1 月
愛の日
愛について嬉しいことがある。子育て、趣味、創作にも追い風が。

2 火
愛の日
愛について嬉しいことがある。子育て、趣味、創作にも追い風が。
◆水星が「ギフト」のハウスで順行へ。経済的な関係性がスムーズに。マネジメントの成功。

3 水
愛の日 ▶ メンテナンスの日 　　　　　　　　　[ボイド] 08:38～09:48
「やりたいこと」から「やるべきこと」へのシフト。

4 木
●メンテナンスの日
生活や心身の故障部分を修理できる。ケアしたり、されたり。
◆火星が「旅」のハウスへ。ここから「遠征」「挑戦の旅」に出発する人も。学びへの情熱。

5 金
メンテナンスの日 ▶ 人に会う日 　　　　　　　[ボイド] 20:42～21:41
「自分の世界」から「外界」へ出るような節目。

6 土
人に会う日
人に会ったり、会う約束をしたりする日。出会いの気配も。

7 日
人に会う日
人に会ったり、会う約束をしたりする日。出会いの気配も。

8 月
人に会う日 ▶ プレゼントの日 　　　　　　　　[ボイド] 05:24～06:10
他者との関係に、さらに一歩踏み込めるように。

9 火
プレゼントの日
人から貴重なものを受け取れる。提案を受ける場面も。

10 水
プレゼントの日 ▶ 旅の日 　　　　　　　　　　[ボイド] 03:26～10:35
遠い場所との間に、橋が架かり始める。

11 木
●旅の日
遠出したり、遠くから人が訪ねてくれたりする日。発信力も増す。
☽「旅」のハウスで新月。旅に出発する。専門分野を開拓し始める。矢文を放つ。

12 金
旅の日 ▶ 達成の日 　　　　　　　　　　　　　[ボイド] 11:35～12:03
意欲が湧く。はっきりした成果が出る時間へ。

13 土
達成の日 　　　　　　　　　　　　　　　　　　[ボイド] 19:00～
目標に手が届く。結果が出る日。人から認められる場面も。

14 日
達成の日 ▶ 友だちの日 　　　　　　　　　　　[ボイド] ～12:31
肩の力が抜け、伸びやかな気持ちになれる。
◆水星が「旅」のハウスへ。軽やかな旅立ち。勉強や研究に追い風が。導き手に恵まれる。

15 月
友だちの日
未来のプランを立てる。友だちと過ごせる。チームワーク。

16 火
友だちの日 ▶ ひみつの日 　　　　　　　　　　[ボイド] 13:34～13:50
ざわめきから少し離れたくなる。自分の時間。

17	水	ひみつの日
		一人の時間。過去を振り返り、戦略を練る。自分を大事にする。

18	木	◗ ひみつの日 ▶ スタートの日　　　　　　　　　　[ボイド] 17:04〜17:14
		新しいことを始めやすい時間に切り替わる。

19	金	スタートの日
		主役の意識で動く。新しい選択肢を選べる。気持ちが切り替わる。

20	土	スタートの日 ▶ お金の日　　　　　　　　　　[ボイド] 22:59〜23:00
		物質面・経済活動が活性化する時間に入る。 ◆太陽が「目標と結果」のハウスへ。1年のサイクルの中で「目標と達成」を確認するとき。

21	日	お金の日
		いわゆる「金運がいい」日。実入りが良く、いい買い物もできそう。 ◆冥王星が「目標と結果」のハウスへ。ここから2043年頃にかけ、強大な社会的パワーを手にできる。

22	月	お金の日
		いわゆる「金運がいい」日。実入りが良く、いい買い物もできそう。

23	火	お金の日 ▶ メッセージの日　　　　　　　　　　[ボイド] 05:42〜06:52
		「動き」が出てくる。コミュニケーションの活性。 ◆金星が「旅」のハウスへ。楽しい旅の始まり、旅の仲間。研究の果実。距離を越える愛。

24	水	メッセージの日
		待っていた朗報が届く。勉強が捗る。外に出たくなる日。

25	木	メッセージの日 ▶ 家の日　　　　　　　　　　[ボイド] 08:00〜16:38
		生活環境や身内に目が向かう。原点回帰。

26	金	○家の日
		「普段の生活」が充実。身内との関係強化。環境改善ができる。 ◖「家」のハウスで満月。居場所が「定まる」。身近な人との間で「心満ちる」とき。

27	土	家の日　　　　　　　　　　　　　　　　　　[ボイド] 06:21〜
		「普段の生活」が充実。身内との関係強化。環境改善ができる。 ◆天王星が「自分」のハウスで順行へ。反抗・改革の精神が戻ってくる。変革への意志。

28	日	家の日 ▶ 愛の日　　　　　　　　　　　　　[ボイド] 〜04:13
		愛の追い風が吹く。好きなことができる。

29	月	愛の日
		愛について嬉しいことがある。子育て、趣味、創作にも追い風が。

30	火	愛の日 ▶ メンテナンスの日　　　　　　　　[ボイド] 08:22〜17:06
		「やりたいこと」から「やるべきこと」へのシフト。

31	水	メンテナンスの日
		生活や心身の故障部分を修理できる。ケアしたり、されたり。

2 ·FEBRUARY·

1 木
メンテナンスの日　　　　　　　　　　　　　　　　　　［ボイド］18:05〜
生活や心身の故障部分を修理できる。ケアしたり、されたり。

2 金
メンテナンスの日 ▶ 人に会う日　　　　　　　　　　　　［ボイド］〜05:39
「自分の世界」から「外界」へ出るような節目。

3 土
◐ 人に会う日
人に会ったり、会う約束をしたりする日。出会いの気配も。

4 日
人に会う日 ▶ プレゼントの日　　　　　　　　　　　　［ボイド］12:26〜15:30
他者との関係に、さらに一歩踏み込めるように。

5 月
プレゼントの日
人から貴重なものを受け取れる。提案を受ける場面も。
◆水星が「目標と結果」のハウスへ。ここから忙しくなる。新しい課題、ミッション、使命。

6 火
プレゼントの日 ▶ 旅の日　　　　　　　　　　　　　　［ボイド］14:08〜21:10
遠い場所との間に、橋が架かり始める。

7 水
旅の日
遠出したり、遠くから人が訪ねてくれたりする日。発信力も増す。

8 木
旅の日 ▶ 達成の日　　　　　　　　　　　　　　　　　［ボイド］16:54〜23:01
意欲が湧く。はっきりした成果が出る時間へ。

9 金
達成の日
目標に手が届く。結果が出る日。人から認められる場面も。

10 土
● 達成の日 ▶ 友だちの日　　　　　　　　　　　　　　［ボイド］08:01〜22:44
肩の力が抜け、伸びやかな気持ちになれる。
☽「目標と結果」のハウスで新月。新しいミッションがスタートするとき。目的意識が定まる。

11 日
友だちの日
未来のプランを立てる。友だちと過ごせる。チームワーク。

12 月
友だちの日 ▶ ひみつの日　　　　　　　　　　　　　　［ボイド］21:33〜22:27
ざわめきから少し離れたくなる。自分の時間。

13 火
ひみつの日
一人の時間。過去を振り返り、戦略を練る。自分を大事にする。
◆火星が「目標と結果」のハウスへ。キャリアや社会的立場における「勝負」の季節へ。挑戦の時間。

14 水
ひみつの日　　　　　　　　　　　　　　　　　　　　［ボイド］19:22〜
一人の時間。過去を振り返り、戦略を練る。自分を大事にする。

15 木
ひみつの日 ▶ スタートの日　　　　　　　　　　　　　［ボイド］〜00:04
新しいことを始めやすい時間に切り替わる。

16 金
スタートの日
主役の意識で動く。新しい選択肢を選べる。気持ちが切り替わる。

17 土	●スタートの日 ▶ お金の日	[ボイド] 00:02〜04:41

●スタートの日 ▶ お金の日 [ボイド] 00:02〜04:41
物質面・経済活動が活性化する時間に入る。
◆金星が「目標と結果」のハウスへ。目標達成と勲章。気軽に掴めるチャンス。嬉しい配役。

18 日
お金の日
いわゆる「金運がいい」日。実入りが良く、いい買い物もできそう。

19 月
お金の日 ▶ メッセージの日 [ボイド] 12:22〜12:26
「動き」が出てくる。コミュニケーションの活性。
◆太陽が「夢と友」のハウスへ。1年のサイクルの中で「友」「未来」に目を向ける季節へ。

20 火
メッセージの日
待っていた朗報が届く。勉強が捗る。外に出たくなる日。

21 水
メッセージの日 ▶ 家の日 [ボイド] 15:39〜22:42
生活環境や身内に目が向かう。原点回帰。

22 木
家の日
「普段の生活」が充実。身内との関係強化。環境改善ができる。

23 金
家の日 [ボイド] 13:19〜
「普段の生活」が充実。身内との関係強化。環境改善ができる。
◆水星が「夢と友」のハウスへ。仲間に恵まれる爽やかな季節。友と夢を語れる。新しい計画。

24 土
○愛の日 ▶ 愛の日 [ボイド] 〜10:39
愛の追い風が吹く。好きなことができる。
☽「愛」のハウスで満月。愛が「満ちる」「実る」とき。クリエイティブな作品の完成。

25 日
愛の日
愛について嬉しいことがある。子育て、趣味、創作にも追い風が。

26 月
愛の日 ▶ メンテナンスの日 [ボイド] 16:37〜23:31
「やりたいこと」から「やるべきこと」へのシフト。

27 火
メンテナンスの日
生活や心身の故障部分を修理できる。ケアしたり、されたり。

28 水
メンテナンスの日 [ボイド] 03:23〜
生活や心身の故障部分を修理できる。ケアしたり、されたり。

29 木
メンテナンスの日 ▶ 人に会う日 [ボイド] 〜12:11
「自分の世界」から「外界」へ出るような節目。

3 ·MARCH·

1 金　人に会う日
人に会ったり、会う約束をしたりする日。出会いの気配も。

2 土　人に会う日 ▶ プレゼントの日　　　　　　　　[ボイド] 16:49〜22:58
他者との関係に、さらに一歩踏み込めるように。

3 日　プレゼントの日
人から貴重なものを受け取れる。提案を受ける場面も。

4 月　◑プレゼントの日
人から貴重なものを受け取れる。提案を受ける場面も。

5 火　プレゼントの日 ▶ 旅の日　　　　　　　　　[ボイド] 00:42〜06:17
遠い場所との間に、橋が架かり始める。

6 水　旅の日
遠出したり、遠くから人が訪ねてくれたりする日。発信力も増す。

7 木　旅の日 ▶ 達成の日　　　　　　　　　　　[ボイド] 04:37〜09:40
意欲が湧く。はっきりした成果が出る時間へ。

8 金　達成の日
目標に手が届く。結果が出る日。人から認められる場面も。

9 土　達成の日 ▶ 友だちの日　　　　　　　　　[ボイド] 03:57〜10:05
肩の力が抜け、伸びやかな気持ちになれる。

10 日　● 友だちの日
未来のプランを立てる。友だちと過ごせる。チームワーク。
◆水星が「ひみつ」のハウスへ。思考が深まる。思索、瞑想、誰かの
ための勉強。記録の精査。☽「夢と友」のハウスで新月。新しい仲
間や友に出会えるとき。夢が生まれる。迷いが晴れる。

11 月　友だちの日 ▶ ひみつの日　　　　　　　　[ボイド] 04:47〜09:21
ざわめきから少し離れたくなる。自分の時間。

12 火　ひみつの日　　　　　　　　　　　　　　　[ボイド] 20:10〜
一人の時間。過去を振り返り、戦略を練る。自分を大事にする。
◆金星が「夢と友」のハウスへ。友や仲間との交流が華やかに。「恵
み」を受け取れる。

13 水　ひみつの日 ▶ スタートの日　　　　　　　　[ボイド] 〜09:30
新しいことを始めやすい時間に切り替わる。

14 木　スタートの日
主役の意識で動く。新しい選択肢を選べる。気持ちが切り替わる。

15 金　スタートの日 ▶ お金の日　　　　　　　　　[ボイド] 07:31〜12:17
物質面・経済活動が活性化する時間に入る。

16 土　お金の日
いわゆる「金運がいい」日。実入りが良く、いい買い物もできそう。

17 日　◑お金の日 ▶ メッセージの日　　　　　　　[ボイド] 13:45〜18:42
「動き」が出てくる。コミュニケーションの活性。

18 月
メッセージの日
待っていた朗報が届く。勉強が捗る。外に出たくなる日。

19 火
メッセージの日
待っていた朗報が届く。勉強が捗る。外に出たくなる日。

20 水
メッセージの日 ▶ 家の日　　　　　　　　　　　　[ボイド] 03:54〜04:34
生活環境や身内に目が向かう。原点回帰。
◆太陽が「ひみつ」のハウスへ。新しい1年を目前にしての、振り返りと準備の時期。

21 木
家の日
「普段の生活」が充実。身内との関係強化。環境改善ができる。

22 金
家の日 ▶ 愛の日　　　　　　　　　　　　　　[ボイド] 15:36〜16:43
愛の追い風が吹く。好きなことができる。

23 土
愛の日
愛について嬉しいことがある。子育て、趣味、創作にも追い風が。
◆火星が「夢と友」のハウスへ。交友関係やチームワークに「熱」がこもる。夢を叶える勝負。

24 日
愛の日
愛について嬉しいことがある。子育て、趣味、創作にも追い風が。

25 月
○愛の日 ▶ メンテナンスの日　　　　　　　　　[ボイド] 00:51〜05:39
「やりたいこと」から「やるべきこと」へのシフト。
☽「任務」のハウスで月食。体調や労働が一つのピークを迎えたことで、不思議な変化が。

26 火
メンテナンスの日
生活や心身の故障部分を修理できる。ケアしたり、されたり。

27 水
メンテナンスの日 ▶ 人に会う日　　　　　　　　[ボイド] 08:11〜18:04
「自分の世界」から「外界」へ出るような節目。

28 木
人に会う日
人に会ったり、会う約束をしたりする日。出会いの気配も。

29 金
人に会う日
人に会ったり、会う約束をしたりする日。出会いの気配も。

30 土
人に会う日 ▶ プレゼントの日　　　　　　　　　[ボイド] 00:41〜04:53
他者との関係に、さらに一歩踏み込めるように。

31 日
プレゼントの日
人から貴重なものを受け取れる。提案を受ける場面も。

4 ·APRIL·

1 月 プレゼントの日 ▶ 旅の日   [ボイド] 09:18〜13:07
遠い場所との間に、橋が架かり始める。

2 火 ◗旅の日
遠出したり、遠くから人が訪ねてくれたりする日。発信力も増す。
◆水星が「ひみつ」のハウスで逆行開始。自問自答を重ねて、謎を
解いていく。自己との対話。

3 水 旅の日 ▶ 達成の日   [ボイド] 14:42〜18:09
意欲が湧く。はっきりした成果が出る時間へ。

4 木 達成の日
目標に手が届く。結果が出る日。人から認められる場面も。

5 金 達成の日 ▶ 友だちの日   [ボイド] 14:41〜20:14
肩の力が抜け、伸びやかな気持ちになれる。
◆金星が「ひみつ」のハウスへ。これ以降、純粋な愛情から行動で
きる。一人の時間の充実も。

6 土 友だちの日
未来のプランを立てる。友だちと過ごせる。チームワーク。

7 日 友だちの日 ▶ ひみつの日   [ボイド] 17:29〜20:26
ざわめきから少し離れたくなる。自分の時間。

8 月 ひみつの日
一人の時間。過去を振り返り、戦略を練る。自分を大事にする。

9 火 ●ひみつの日 ▶ スタートの日   [ボイド] 11:40〜20:25
新しいことを始めやすい時間に切り替わる。
☽「ひみつ」のハウスで日食。精神の「復活」。心の中の新しい扉が
開かれる。桎梏（しっこく）からの自由。

10 水 スタートの日
主役の意識で動く。新しい選択肢を選べる。気持ちが切り替わる。

11 木 スタートの日 ▶ お金の日   [ボイド] 19:06〜22:00
物質面・経済活動が活性化する時間に入る。

12 金 お金の日
いわゆる「金運がいい」日。実入りが良く、いい買い物もできそう。

13 土 お金の日   [ボイド] 23:48〜
いわゆる「金運がいい」日。実入りが良く、いい買い物もできそう。

14 日 お金の日 ▶ メッセージの日   [ボイド] 〜02:47
「動き」が出てくる。コミュニケーションの活性。

15 月 メッセージの日
待っていた朗報が届く。勉強が捗る。外に出たくなる日。

16 火 ◐メッセージの日 ▶ 家の日   [ボイド] 08:24〜11:26
生活環境や身内に目が向かう。原点回帰。

17	水	家の日 「普段の生活」が充実。身内との関係強化。環境改善ができる。
18	木	家の日 ▶ 愛の日　　　　　　　　　　　　　　　[ボイド] 21:04〜23:12 愛の追い風が吹く。好きなことができる。
19	金	愛の日 愛について嬉しいことがある。子育て、趣味、創作にも追い風が。 ◆太陽が「自分」のハウスへ。お誕生月の始まり、新しい1年への 「扉」を開くとき。
20	土	愛の日 愛について嬉しいことがある。子育て、趣味、創作にも追い風が。
21	日	愛の日 ▶ メンテナンスの日　　　　　　　　　　[ボイド] 09:21〜12:10 「やりたいこと」から「やるべきこと」へのシフト。
22	月	メンテナンスの日 生活や心身の故障部分を修理できる。ケアしたり、されたり。
23	火	メンテナンスの日　　　　　　　　　　　　　　[ボイド] 08:26〜 生活や心身の故障部分を修理できる。ケアしたり、されたり。
24	水	○メンテナンスの日 ▶ 人に会う日　　　　　　　[ボイド] 〜00:21 「自分の世界」から「外界」へ出るような節目。 ☾「他者」のハウスで満月。誰かとの一対一の関係が「満ちる」。交 渉の成立、契約。
25	木	人に会う日 人に会ったり、会う約束をしたりする日。出会いの気配も。 ◆水星が「ひみつ」のハウスで順行へ。自分の感情への理解が深ま る。自分の言葉の発見。
26	金	人に会う日 ▶ プレゼントの日　　　　　　　　　[ボイド] 08:18〜10:39 他者との関係に、さらに一歩踏み込めるように。
27	土	プレゼントの日 人から貴重なものを受け取れる。提案を受ける場面も。
28	日	プレゼントの日 ▶ 旅の日　　　　　　　　　　　[ボイド] 16:33〜18:39 遠い場所との間に、橋が架かり始める。
29	月	旅の日 遠出したり、遠くから人が訪ねてくれたりする日。発信力も増す。 ◆金星が「自分」のハウスに。あなたの魅力が輝く季節の到来。愛 に恵まれる楽しい日々へ。
30	火	旅の日 遠出したり、遠くから人が訪ねてくれたりする日。発信力も増す。

5 ・MAY・

1 水
　◗旅の日 ▶達成の日　　　　　　　　　　　　　　　[ボイド] 00:20〜00:21
意欲が湧く。はっきりした成果が出る時間へ。
◆火星が「ひみつ」のハウスへ。内なる敵と闘って克服できる時間。
自分の真の強さを知る。

2 木
　達成の日　　　　　　　　　　　　　　　　　　　[ボイド] 18:30〜
目標に手が届く。結果が出る日。人から認められる場面も。

3 金
　達成の日 ▶友だちの日　　　　　　　　　　　　　[ボイド] 〜03:53
肩の力が抜け、伸びやかな気持ちになれる。
◆冥王星が「目標と結果」のハウスで逆行開始。社会的野心や支
配関係を見つめ直す期間へ。

4 土
　友だちの日
未来のプランを立てる。友だちと過ごせる。チームワーク。

5 日
　友だちの日 ▶ひみつの日　　　　　　　　　　　　[ボイド] 04:08〜05:42
ざわめきから少し離れたくなる。自分の時間。

6 月
　ひみつの日　　　　　　　　　　　　　　　　　　[ボイド] 14:59〜
一人の時間。過去を振り返り、戦略を練る。自分を大事にする。

7 火
　ひみつの日 ▶スタートの日　　　　　　　　　　　[ボイド] 〜06:44
新しいことを始めやすい時間に切り替わる。

8 水
　●スタートの日
主役の意識で動く。新しい選択肢を選べる。気持ちが切り替わる。
◗「自分」のハウスで新月。大切なことがスタートする節目。フレッ
シュな「切り替え」。

9 木
　スタートの日 ▶お金の日　　　　　　　　　　　　[ボイド] 06:57〜08:22
物質面・経済活動が活性化する時間に入る。

10 金
　お金の日
いわゆる「金運がいい」日。実入りが良く、いい買い物もできそう。

11 土
　お金の日 ▶メッセージの日　　　　　　　　　　　[ボイド] 10:51〜12:15
「動き」が出てくる。コミュニケーションの活性。

12 日
　メッセージの日
待っていた朗報が届く。勉強が捗る。外に出たくなる日。

13 月
　メッセージの日 ▶家の日　　　　　　　　　　　　[ボイド] 18:14〜19:38
生活環境や身内に目が向かう。原点回帰。

14 火
　家の日
「普段の生活」が充実。身内との関係強化。環境改善ができる。

15 水
　◖家の日
「普段の生活」が充実。身内との関係強化。環境改善ができる。

16 木
　家の日 ▶愛の日　　　　　　　　　　　　　　　　[ボイド] 01:42〜06:34
愛の追い風が吹く。好きなことができる。
◆水星が「自分」のハウスへ。知的活動が活性化。若々しい気持ち、
行動力。発言力の強化。

17 金　愛の日
愛について嬉しいことがある。子育て、趣味、創作にも追い風が。

18 土　愛の日 ▶ メンテナンスの日　　　　　　　　　[ボイド] 18:10〜19:24
「やりたいこと」から「やるべきこと」へのシフト。

19 日　メンテナンスの日
生活や心身の故障部分を修理できる。ケアしたり、されたり。

20 月　メンテナンスの日　　　　　　　　　　　　[ボイド] 00:50〜
生活や心身の故障部分を修理できる。ケアしたり、されたり。
◆太陽が「生産」のハウスへ。1年のサイクルの中で「物質的・経済的土台」を整備する。

21 火　メンテナンスの日 ▶ 人に会う日　　　　　　　[ボイド] 〜07:36
「自分の世界」から「外界」へ出るような節目。

22 水　人に会う日
人に会ったり、会う約束をしたりする日。出会いの気配も。

23 木　○人に会う日 ▶ プレゼントの日　　　　　　　[ボイド] 16:30〜17:26
他者との関係に、さらに一歩踏み込めるように。
☽「ギフト」のハウスで満月。人から「満を持して」手渡されるものがある。他者との融合。

24 金　プレゼントの日
人から貴重なものを受け取れる。提案を受ける場面も。
◆金星が「生産」のハウスへ。経済活動の活性化、上昇気流。物質的豊かさの開花。

25 土　プレゼントの日　　　　　　　　　　　　　[ボイド] 23:49〜
人から貴重なものを受け取れる。提案を受ける場面も。

26 日　プレゼントの日 ▶ 旅の日　　　　　　　　　[ボイド] 〜00:37
遠い場所との間に、橋が架かり始める。
◆木星が「生産」のハウスへ。ここから約1年をかけて、経済活動が大きく成長する。

27 月　旅の日
遠出したり、遠くから人が訪ねてくれたりする日。発信力も増す。

28 火　旅の日 ▶ 達成の日　　　　　　　　　　　[ボイド] 05:04〜05:46
意欲が湧く。はっきりした成果が出る時間へ。

29 水　達成の日　　　　　　　　　　　　　　　[ボイド] 23:22〜
目標に手が届く。結果が出る日。人から認められる場面も。

30 木　達成の日 ▶ 友だちの日　　　　　　　　　　[ボイド] 〜09:34
肩の力が抜け、伸びやかな気持ちになれる。

31 金　●友だちの日
未来のプランを立てる。友だちと過ごせる。チームワーク。

6 ·JUNE·

1	土	友だちの日 ▶ ひみつの日　　　　　　　　　　　　　　[ボイド] 11:56〜12:30 ざわめきから少し離れたくなる。自分の時間。
2	日	ひみつの日 一人の時間。過去を振り返り、戦略を練る。自分を大事にする。
3	月	ひみつの日 ▶ スタートの日　　　　　　　　　　　　[ボイド] 07:05〜14:57 新しいことを始めやすい時間に切り替わる。 ◆水星が「生産」のハウスへ。経済活動に知性を活かす。情報収集、経営戦略。在庫整理。
4	火	主役の意識で動く。新しい選択肢を選べる。気持ちが切り替わる。
5	水	スタートの日 ▶ お金の日　　　　　　　　　　　　　[ボイド] 17:11〜17:38 物質面・経済活動が活性化する時間に入る。
6	木	●お金の日 いわゆる「金運がいい」日。実入りが良く、いい買い物もできそう。 ☽「生産」のハウスで新月。新しい経済活動をスタートさせる。新しいものを手に入れる。
7	金	お金の日 ▶ メッセージの日　　　　　　　　　　　　[ボイド] 21:17〜21:43 「動き」が出てくる。コミュニケーションの活性。
8	土	メッセージの日 待っていた朗報が届く。勉強が捗る。外に出たくなる日。
9	日	メッセージの日 待っていた朗報が届く。勉強が捗る。外に出たくなる日。 ◆火星が「自分」のハウスへ。熱い自己変革の季節へ。勝負、挑戦。自分から動きたくなる。
10	月	メッセージの日 ▶ 家の日　　　　　　　　　　　　　[ボイド] 04:07〜04:30 生活環境や身内に目が向かう。原点回帰。
11	火	家の日 「普段の生活」が充実。身内との関係強化。環境改善ができる。
12	水	家の日 ▶ 愛の日　　　　　　　　　　　　　　　　　[ボイド] 04:18〜14:40 愛の追い風が吹く。好きなことができる。
13	木	愛の日 愛について嬉しいことがある。子育て、趣味、創作にも追い風が。
14	金	☾愛の日 愛について嬉しいことがある。子育て、趣味、創作にも追い風が。
15	土	愛の日 ▶ メンテナンスの日　　　　　　　　　　　　[ボイド] 02:55〜03:14 「やりたいこと」から「やるべきこと」へのシフト。
16	日	メンテナンスの日 生活や心身の故障部分を修理できる。ケアしたり、されたり。

17 月 メンテナンスの日 ▶ 人に会う日　　　　　　　[ボイド] 15:06〜15:40
「自分の世界」から「外界」へ出るような節目。
◆金星が「コミュニケーション」のハウスへ。喜びある学び、対話、外出。言葉による優しさ、愛の伝達。◆水星が「コミュニケーション」のハウスへ。知的活動の活性化、コミュニケーションの進展。学習の好機。

18 火 人に会う日
人に会ったり、会う約束をしたりする日。出会いの気配も。

19 水 人に会う日
人に会ったり、会う約束をしたりする日。出会いの気配も。

20 木 人に会う日 ▶ プレゼントの日　　　　　　　[ボイド] 01:21〜01:33
他者との関係に、さらに一歩踏み込めるように。

21 金 プレゼントの日
人から貴重なものを受け取れる。提案を受ける場面も。
◆太陽が「コミュニケーション」のハウスへ。1年のサイクルの中でコミュニケーションを繋ぎ直すとき。

22 土 ○プレゼントの日 ▶ 旅の日　　　　　　　　[ボイド] 08:00〜08:10
遠い場所との間に、橋が架かり始める。
🌙「旅」のハウスで満月。遠い場所への扉が「満を持して」開かれる。遠くまで声が届く。

23 日 旅の日
遠出したり、遠くから人が訪ねてくれたりする日。発信力も増す。

24 月 旅の日 ▶ 達成の日　　　　　　　　　　　[ボイド] 12:07〜12:16
意欲が湧く。はっきりした成果が出る時間へ。

25 火 達成の日
目標に手が届く。結果が出る日。人から認められる場面も。

26 水 達成の日 ▶ 友だちの日　　　　　　　　　[ボイド] 07:31〜15:09
肩の力が抜け、伸びやかな気持ちになれる。

27 木 友だちの日
未来のプランを立てる。友だちと過ごせる。チームワーク。

28 金 友だちの日 ▶ ひみつの日　　　　　　　　[ボイド] 17:46〜17:54
ざわめきから少し離れたくなる。自分の時間。

29 土 ◐ひみつの日
一人の時間。過去を振り返り、戦略を練る。自分を大事にする。

30 日 ひみつの日 ▶ スタートの日　　　　　　　[ボイド] 13:58〜21:02
新しいことを始めやすい時間に切り替わる。
◆土星が「夢と友」のハウスで逆行開始。夢の検証作業。仲間との意思疎通の確認。

7 ·JULY·

1 月
スタートの日
主役の意識で動く。新しい選択肢を選べる。気持ちが切り替わる。

2 火
スタートの日
主役の意識で動く。新しい選択肢を選べる。気持ちが切り替わる。
◆海王星が「夢と友」のハウスで逆行開始。弱さが希望の核に。弱みが友情を育てる時期へ。◆水星が「家」のハウスへ。来訪者。身近な人との対話。若々しい風が居場所に吹き込む。

3 水
スタートの日 ▶ お金の日　　　　　　　　　　　[ボイド] 00:45〜00:52
物質面・経済活動が活性化する時間に入る。

4 木
お金の日
いわゆる「金運がいい」日。実入りが良く、いい買い物もできそう。

5 金
お金の日 ▶ メッセージの日　　　　　　　　　　[ボイド] 05:45〜05:53
「動き」が出てくる。コミュニケーションの活性。

6 土
●メッセージの日
待っていた朗報が届く。勉強が捗る。外に出たくなる日。
☽「コミュニケーション」のハウスで新月。新しいコミュニケーションが始まる。学び始める。朗報も。

7 日
メッセージの日 ▶ 家の日　　　　　　　　　　　[ボイド] 12:49〜12:57
生活環境や身内に目が向かう。原点回帰。

8 月
家の日
「普段の生活」が充実。身内との関係強化。環境改善ができる。

9 火
家の日 ▶ 愛の日　　　　　　　　　　　　　　　[ボイド] 15:05〜22:49
愛の追い風が吹く。好きなことができる。

10 水
愛の日
愛について嬉しいことがある。子育て、趣味、創作にも追い風が。

11 木
愛の日
愛について嬉しいことがある。子育て、趣味、創作にも追い風が。

12 金
愛の日 ▶ メンテナンスの日　　　　　　　　　　[ボイド] 10:57〜11:08
「やりたいこと」から「やるべきこと」へのシフト。
◆金星が「家」のハウスへ。身近な人とのあたたかな交流。愛着。居場所を美しくする。

13 土
メンテナンスの日
生活や心身の故障部分を修理できる。ケアしたり、されたり。

14 日
◐メンテナンスの日 ▶ 人に会う日　　　　　　　[ボイド] 07:50〜23:54
「自分の世界」から「外界」へ出るような節目。

15 月
人に会う日
人に会ったり、会う約束をしたりする日。出会いの気配も。

16 火
人に会う日
人に会ったり、会う約束をしたりする日。出会いの気配も。

17 水　人に会う日 ▶ プレゼントの日　　　　　　　　　　　[ボイド] 10:12〜10:26
他者との関係に、さらに一歩踏み込めるように。

18 木　プレゼントの日
人から貴重なものを受け取れる。提案を受ける場面も。

19 金　プレゼントの日 ▶ 旅の日　　　　　　　　　　　　　[ボイド] 17:00〜17:15
遠い場所との間に、橋が架かり始める。

20 土　旅の日
遠出したり、遠くから人が訪ねてくれたりする日。発信力も増す。

21 日　○旅の日 ▶ 達成の日　　　　　　　　　　　　　　[ボイド] 20:28〜20:45
意欲が湧く。はっきりした成果が出る時間へ。
◆火星が「生産」のハウスへ。ほてりが収まって地に足がつく。経済的な「勝負」も。❶「旅」のハウスで満月。遠い場所への扉が「満を持して」開かれる。遠くまで声が届く。

22 月　達成の日
目標に手が届く。結果が出る日。人から認められる場面も。
◆太陽が「家」のハウスへ。1年のサイクルの中で「居場所・家・心」を整備し直すとき。

23 火　達成の日 ▶ 友だちの日　　　　　　　　　　　　　[ボイド] 19:00〜22:25
肩の力が抜け、伸びやかな気持ちになれる。

24 水　友だちの日
未来のプランを立てる。友だちと過ごせる。チームワーク。

25 木　友だちの日 ▶ ひみつの日　　　　　　　　　　　　[ボイド] 23:33〜23:54
ざわめきから少し離れたくなる。自分の時間。

26 金　ひみつの日
一人の時間。過去を振り返り、戦略を練る。自分を大事にする。
◆水星が「愛」のハウスへ。愛に関する学び、教育。若々しい創造性、遊び。知的創造。

27 土　ひみつの日　　　　　　　　　　　　　　　　　　　[ボイド] 07:16〜
一人の時間。過去を振り返り、戦略を練る。自分を大事にする。

28 日　❶ひみつの日 ▶ スタートの日　　　　　　　　　　　[ボイド] 〜02:24
新しいことを始めやすい時間に切り替わる。

29 月　スタートの日
主役の意識で動く。新しい選択肢を選べる。気持ちが切り替わる。

30 火　スタートの日 ▶ お金の日　　　　　　　　　　　　　[ボイド] 06:01〜06:29
物質面・経済活動が活性化する時間に入る。

31 水　お金の日
いわゆる「金運がいい」日。実入りが良く、いい買い物もできそう。

8 • AUGUST •

1 木　お金の日 ▶ メッセージの日　　　　　　　　　　［ボイド］11:48〜12:21
「動き」が出てくる。コミュニケーションの活性。

2 金　メッセージの日
待っていた朗報が届く。勉強が捗る。外に出たくなる日。

3 土　メッセージの日 ▶ 家の日　　　　　　　　　　　　［ボイド］19:33〜20:11
生活環境や身内に目が向かう。原点回帰。

4 日　●家の日
「普段の生活」が充実。身内との関係強化。環境改善ができる。
🌑「家」のハウスで新月。心の置き場所が新たに定まる。日常に新しい風が吹き込む。

5 月　家の日
「普段の生活」が充実。身内との関係強化。環境改善ができる。
◆金星が「愛」のハウスへ。華やかな愛の季節の始まり。創造的活動への強い追い風。◆水星が「愛」のハウスで逆行開始。失われた愛や喜びが「復活」するかも。創造的熟成。

6 火　家の日 ▶ 愛の日　　　　　　　　　　　　　　　［ボイド］00:18〜06:18
愛の追い風が吹く。好きなことができる。

7 水　愛の日
愛について嬉しいことがある。子育て、趣味、創作にも追い風が。

8 木　愛の日 ▶ メンテナンスの日　　　　　　　　　　［ボイド］17:42〜18:33
「やりたいこと」から「やるべきこと」へのシフト。

9 金　メンテナンスの日
生活や心身の故障部分を修理できる。ケアしたり、されたり。

10 土　メンテナンスの日　　　　　　　　　　　　　　　［ボイド］06:46〜
生活や心身の故障部分を修理できる。ケアしたり、されたり。

11 日　メンテナンスの日 ▶ 人に会う日　　　　　　　　［ボイド］〜07:35
「自分の世界」から「外界」へ出るような節目。

12 月　人に会う日
人に会ったり、会う約束をしたりする日。出会いの気配も。

13 火　🌒人に会う日 ▶ プレゼントの日　　　　　　　　［ボイド］18:03〜19:02
他者との関係に、さらに一歩踏み込めるように。

14 水　プレゼントの日
人から貴重なものを受け取れる。提案を受ける場面も。

15 木　プレゼントの日
人から貴重なものを受け取れる。提案を受ける場面も。
◆逆行中の水星が「家」のハウスに。「帰るべき場所・守るべき場所」を確かめる時間へ。

16 金　プレゼントの日 ▶ 旅の日　　　　　　　　　　　［ボイド］01:54〜02:53
遠い場所との間に、橋が架かり始める。

17 土	旅の日 遠出したり、遠くから人が訪ねてくれたりする日。発信力も増す。	

18 日	旅の日 ▶ 達成の日 意欲が湧く。はっきりした成果が出る時間へ。	[ボイド] 05:45～06:46

19 月	達成の日 目標に手が届く。結果が出る日。人から認められる場面も。	

20 火	○達成の日 ▶ 友だちの日 肩の力が抜け、伸びやかな気持ちになれる。)「目標と結果」のハウスで満月。目標達成のとき。社会的立場が一段階上がるような節目。	[ボイド] 03:27～07:53

21 水	友だちの日 未来のプランを立てる。友だちと過ごせる。チームワーク。	

22 木	友だちの日 ▶ ひみつの日 ざわめきから少し離れたくなる。自分の時間。 ◆太陽が「愛」のハウスへ。1年のサイクルの中で「愛・喜び・創造性」を再生するとき。	[ボイド] 06:56～08:03

23 金	ひみつの日 一人の時間。過去を振り返り、戦略を練る。自分を大事にする。	[ボイド] 21:46～

24 土	ひみつの日 ▶ スタートの日 新しいことを始めやすい時間に切り替わる。	[ボイド] ～09:02

25 日	スタートの日 主役の意識で動く。新しい選択肢を選べる。気持ちが切り替わる。	

26 月	スタートの日 ▶ お金の日 物質面・経済活動が活性化する時間に入る。	[ボイド] 10:42～12:06

27 火	お金の日 いわゆる「金運がいい」日。実入りが良く、いい買い物もできそう。	

28 水	お金の日 ▶ メッセージの日 「動き」が出てくる。コミュニケーションの活性。	[ボイド] 16:15～17:49

29 木	メッセージの日 待っていた朗報が届く。勉強が捗る。外に出たくなる日。 ◆水星が「家」のハウスで順行へ。居場所での物事の流れがスムーズになる。家族の声。◆金星が「任務」のハウスへ。美しい生活スタイルの実現。美のための習慣。楽しい仕事。	

30 金	メッセージの日 待っていた朗報が届く。勉強が捗る。外に出たくなる日。	

31 土	メッセージの日 ▶ 家の日 生活環境や身内に目が向かう。原点回帰。	[ボイド] 00:26～02:11

9 ・SEPTEMBER・

1 日
家の日
「普段の生活」が充実。身内との関係強化。環境改善ができる。

2 月
家の日 ▶ 愛の日　　　　　　　　　　　　　　[ボイド] 09:27〜12:50
愛の追い風が吹く。好きなことができる。
◆天王星が「自分」のハウスで逆行開始。自由や反骨精神への疑念と内省。自由の再定義。◆逆行中の冥王星が「旅」のハウスへ。2008年頃からの長い変容の旅を振り返る時間に入る。

3 火
●愛の日
愛について嬉しいことがある。子育て、趣味、創作にも追い風が。
☽「愛」のハウスで新月。愛が「生まれる」ようなタイミング。大切なものと結びつく。

4 水
愛の日
愛について嬉しいことがある。子育て、趣味、創作にも追い風が。

5 木
愛の日 ▶ メンテナンスの日　　　　　　　　[ボイド] 01:08〜01:13
「やりたいこと」から「やるべきこと」へのシフト。
◆火星が「コミュニケーション」のハウスに。熱いコミュニケーション、議論。向学心。外に出て動く日々へ。

6 金
メンテナンスの日
生活や心身の故障部分を修理できる。ケアしたり、されたり。

7 土
メンテナンスの日 ▶ 人に会う日　　　　　　[ボイド] 14:10〜14:20
「自分の世界」から「外界」へ出るような節目。

8 日
人に会う日
人に会ったり、会う約束をしたりする日。出会いの気配も。

9 月
人に会う日
人に会ったり、会う約束をしたりする日。出会いの気配も。
◆再び水星が「愛」のハウスへ。愛の歯車が合い始め、周囲の人々と息が合うようになる。

10 火
人に会う日 ▶ プレゼントの日　　　　　　　[ボイド] 02:13〜02:27
他者との関係に、さらに一歩踏み込めるように。

11 水
●プレゼントの日
人から貴重なものを受け取れる。提案を受ける場面も。

12 木
プレゼントの日 ▶ 旅の日　　　　　　　　　[ボイド] 09:22〜11:39
遠い場所との間に、橋が架かり始める。

13 金
旅の日
遠出したり、遠くから人が訪ねてくれたりする日。発信力も増す。

14 土
旅の日 ▶ 達成の日　　　　　　　　　　　　[ボイド] 16:36〜16:55
意欲が湧く。はっきりした成果が出る時間へ。

15 日
達成の日
目標に手が届く。結果が出る日。人から認められる場面も。

16	月	達成の日 ▶ 友だちの日	[ボイド] 14:06〜18:41
		肩の力が抜け、伸びやかな気持ちになれる。	

17	火	友だちの日	
		未来のプランを立てる。友だちと過ごせる。チームワーク。	

18	水	○友だちの日 ▶ ひみつの日	[ボイド] 18:04〜18:26
		ざわめきから少し離れたくなる。自分の時間。	
		☽「夢と友」のハウスで月食。特別な形で、希望が叶えられる。「恵み」を感じるとき。	

19	木	ひみつの日	
		一人の時間。過去を振り返り、戦略を練る。自分を大事にする。	

20	金	ひみつの日 ▶ スタートの日	[ボイド] 17:40〜18:04
		新しいことを始めやすい時間に切り替わる。	

21	土	スタートの日	
		主役の意識で動く。新しい選択肢を選べる。気持ちが切り替わる。	

22	日	スタートの日 ▶ お金の日	[ボイド] 19:16〜19:26
		物質面・経済活動が活性化する時間に入る。	
		◆太陽が「任務」のハウスへ。1年のサイクルの中で「健康・任務・日常」を再構築するとき。	

23	月	お金の日	
		いわゆる「金運がいい」日。実入りが良く、いい買い物もできそう。	
		◆金星が「他者」のハウスへ。人間関係から得られる喜び。愛あるパートナーシップ。	

24	火	お金の日 ▶ メッセージの日	[ボイド] 21:01〜23:52
		「動き」が出てくる。コミュニケーションの活性。	

25	水	◑メッセージの日	
		待っていた朗報が届く。勉強が捗る。外に出たくなる日。	

26	木	メッセージの日	
		待っていた朗報が届く。勉強が捗る。外に出たくなる日。	
		◆水星が「任務」のハウスへ。日常生活の整理、整備。健康チェック。心身の調律。	

27	金	メッセージの日 ▶ 家の日	[ボイド] 07:14〜07:49
		生活環境や身内に目が向かう。原点回帰。	

28	土	家の日	
		「普段の生活」が充実。身内との関係強化。環境改善ができる。	

29	日	家の日 ▶ 愛の日	[ボイド] 12:37〜18:43
		愛の追い風が吹く。好きなことができる。	

30	月	愛の日	
		愛について嬉しいことがある。子育て、趣味、創作にも追い風が。	

10 ・OCTOBER・

1 火
愛の日
愛について嬉しいことがある。子育て、趣味、創作にも追い風が。

2 水
愛の日 ▶ メンテナンスの日 [ボイド] 06:41〜07:21
「やりたいこと」から「やるべきこと」へのシフト。

3 木
●メンテナンスの日
生活や心身の故障部分を修理できる。ケアしたり、されたり。
☽「任務」のハウスで日食。特別な形で新しい生活が始まる。心身
の健康が転換点に。

4 金
メンテナンスの日 ▶ 人に会う日 [ボイド] 19:42〜20:24
「自分の世界」から「外界」へ出るような節目。

5 土
人に会う日
人に会ったり、会う約束をしたりする日。出会いの気配も。

6 日
人に会う日
人に会ったり、会う約束をしたりする日。出会いの気配も。

7 月
人に会う日 ▶ プレゼントの日 [ボイド] 07:54〜08:36
他者との関係に、さらに一歩踏み込めるように。

8 火
プレゼントの日
人から貴重なものを受け取れる。提案を受ける場面も。

9 水
プレゼントの日 ▶ 旅の日 [ボイド] 14:55〜18:40
遠い場所との間に、橋が架かり始める。
◆木星が「生産」のハウスで逆行開始。経済面での成長が「熟成期
間」に入る。根の成長。

10 木
旅の日
遠出したり、遠くから人が訪ねてくれたりする日。発信力も増す。

11 金
◑旅の日
遠出したり、遠くから人が訪ねてくれたりする日。発信力も増す。

12 土
旅の日 ▶ 達成の日 [ボイド] 00:55〜01:33
意欲が湧く。はっきりした成果が出る時間へ。
◆冥王星が「旅」のハウスで順行へ。深い謎を解くための旅の再開。
遠い場所への憧れ。

13 日
達成の日 [ボイド] 23:12〜
目標に手が届く。結果が出る日。人から認められる場面も。

14 月
達成の日 ▶ 友だちの日 [ボイド] 〜04:57
肩の力が抜け、伸びやかな気持ちになれる。
◆水星が「他者」のハウスへ。正面から向き合う対話。調整のため
の交渉。若い人との出会い。

15 火
友だちの日
未来のプランを立てる。友だちと過ごせる。チームワーク。

82

16 水　友だちの日 ▶ ひみつの日　　　　　　　　　［ボイド］05:02〜05:36
ざわめきから少し離れたくなる。自分の時間。

17 木　○ひみつの日
一人の時間。過去を振り返り、戦略を練る。自分を大事にする。
◗「ひみつ」のハウスで満月。時間をかけて治療してきた傷が癒える。
自他を赦し赦される。

18 金　ひみつの日 ▶ スタートの日　　　　　　　　　［ボイド］04:28〜05:01
新しいことを始めやすい時間に切り替わる。
◆金星が「ギフト」のハウスへ。欲望の解放と調整、他者への要求、
他者からの要求。甘え。

19 土　スタートの日
主役の意識で動く。新しい選択肢を選べる。気持ちが切り替わる。

20 日　スタートの日 ▶ お金の日　　　　　　　　　　［ボイド］04:35〜05:09
物質面・経済活動が活性化する時間に入る。

21 月　お金の日
いわゆる「金運がいい」日。実入りが良く、いい買い物もできそう。

22 火　お金の日 ▶ メッセージの日　　　　　　　　　［ボイド］06:02〜07:51
「動き」が出てくる。コミュニケーションの活性。

23 水　メッセージの日
待っていた朗報が届く。勉強が捗る。外に出たくなる日。
◆太陽が「他者」のハウスへ。1年のサイクルの中で人間関係を
「結び直す」とき。

24 木　メッセージの日 ▶ 家の日　　　　　　　　　　［ボイド］13:49〜14:26
生活環境や身内に目が向かう。原点回帰。

25 金　家の日
「普段の生活」が充実。身内との関係強化。環境改善ができる。

26 土　家の日　　　　　　　　　　　　　　　　　　　［ボイド］17:05〜
「普段の生活」が充実。身内との関係強化。環境改善ができる。

27 日　家の日 ▶ 愛の日　　　　　　　　　　　　　　［ボイド］〜00:49
愛の追い風が吹く。好きなことができる。

28 月　愛の日
愛について嬉しいことがある。子育て、趣味、創作にも追い風が。

29 火　愛の日 ▶ メンテナンスの日　　　　　　　　　［ボイド］12:56〜13:31
「やりたいこと」から「やるべきこと」へのシフト。

30 水　メンテナンスの日
生活や心身の故障部分を修理できる。ケアしたり、されたり。

31 木　メンテナンスの日
生活や心身の故障部分を修理できる。ケアしたり、されたり。

11 ·NOVEMBER·

1 金
●メンテナンスの日 ▶ 人に会う日   [ボイド] 01:59〜02:31
「自分の世界」から「外界」へ出るような節目。
🌙「他者」のハウスで新月。出会いのとき。誰かとの関係が刷新。未来への約束を交わす。

2 土
人に会う日
人に会ったり、会う約束をしたりする日。出会いの気配も。

3 日
人に会う日 ▶ プレゼントの日   [ボイド] 13:53〜14:21
他者との関係に、さらに一歩踏み込めるように。
◆水星が「ギフト」のハウスへ。利害のマネジメント。コンサルテーション。カウンセリング。

4 月
プレゼントの日
人から貴重なものを受け取れる。提案を受ける場面も。
◆火星が「家」のハウスへ。居場所を「動かす」時期。環境変化、引越、家族との取り組み。

5 火
プレゼントの日   [ボイド] 19:25〜
人から貴重なものを受け取れる。提案を受ける場面も。

6 水
プレゼントの日 ▶ 旅の日   [ボイド] 〜00:19
遠い場所との間に、橋が架かり始める。

7 木
旅の日
遠出したり、遠くから人が訪ねてくれたりする日。発信力も増す。

8 金
旅の日 ▶ 達成の日   [ボイド] 07:39〜07:59
意欲が湧く。はっきりした成果が出る時間へ。

9 土
◑達成の日
目標に手が届く。結果が出る日。人から認められる場面も。

10 日
達成の日 ▶ 友だちの日   [ボイド] 09:25〜13:02
肩の力が抜け、伸びやかな気持ちになれる。

11 月
友だちの日
未来のプランを立てる。友だちと過ごせる。チームワーク。

12 火
友だちの日 ▶ ひみつの日   [ボイド] 15:15〜15:27
ざわめきから少し離れたくなる。自分の時間。
◆金星が「旅」のハウスへ。楽しい旅の始まり、旅の仲間。研究の果実。距離を越える愛。

13 水
ひみつの日
一人の時間。過去を振り返り、戦略を練る。自分を大事にする。

14 木
ひみつの日 ▶ スタートの日   [ボイド] 15:52〜16:01
新しいことを始めやすい時間に切り替わる。

15 金
スタートの日
主役の意識で動く。新しい選択肢を選べる。気持ちが切り替わる。
◆土星が「夢と友」のハウスで順行へ。夢を現実に変えてゆくプロセスの再開。現実的希望。

16 土
○スタートの日 ▶ お金の日　　　　　　　　　　[ボイド] 16:04〜16:10
物質面・経済活動が活性化する時間に入る。
☽「自分」のハウスで満月。現在の自分を受け入れられる。誰かに
受け入れてもらえる。

17 日
お金の日
いわゆる「金運がいい」日。実入りが良く、いい買い物もできそう。

18 月
お金の日 ▶ メッセージの日　　　　　　　　　[ボイド] 13:10〜17:51
「動き」が出てくる。コミュニケーションの活性。

19 火
メッセージの日
待っていた朗報が届く。勉強が捗る。外に出たくなる日。

20 水
メッセージの日 ▶ 家の日　　　　　　　　　　[ボイド] 20:22〜22:53
生活環境や身内に目が向かう。原点回帰。
◆冥王星が「目標と結果」のハウスへ。ここから2043年頃にかけ、
強大な社会的パワーを手にできる。

21 木
家の日
「普段の生活」が充実。身内との関係強化。環境改善ができる。

22 金
家の日　　　　　　　　　　　　　　　　　　[ボイド] 22:16〜
「普段の生活」が充実。身内との関係強化。環境改善ができる。
◆太陽が「ギフト」のハウスへ。1年のサイクルの中で経済的授受
のバランスを見直すとき。

23 土
◑家の日 ▶ 愛の日　　　　　　　　　　　　　[ボイド] 〜08:03
愛の追い風が吹く。好きなことができる。

24 日
愛の日
愛について嬉しいことがある。子育て、趣味、創作にも追い風が。

25 月
愛の日 ▶ メンテナンスの日　　　　　　　　　[ボイド] 14:37〜20:21
「やりたいこと」から「やるべきこと」へのシフト。

26 火
メンテナンスの日
生活や心身の故障部分を修理できる。ケアしたり、されたり。
◆水星が「ギフト」のハウスで逆行開始。経済的関係の調整。貸し
借りの精算。「お礼・お返し」。

27 水
メンテナンスの日　　　　　　　　　　　　　[ボイド] 18:16〜
生活や心身の故障部分を修理できる。ケアしたり、されたり。

28 木
メンテナンスの日 ▶ 人に会う日　　　　　　　[ボイド] 〜09:22
「自分の世界」から「外界」へ出るような節目。

29 金
人に会う日
人に会ったり、会う約束をしたりする日。出会いの気配も。

30 土
人に会う日 ▶ プレゼントの日　　　　　　　　[ボイド] 15:21〜20:55
他者との関係に、さらに一歩踏み込めるように。

12 ・DECEMBER・

1 日
●プレゼントの日
人から貴重なものを受け取れる。提案を受ける場面も。
🌙「ギフト」のハウスで新月。心の扉を開く。誰かに導かれての経験。
ギフトから始まること。

2 月
プレゼントの日
人から貴重なものを受け取れる。提案を受ける場面も。

3 火
プレゼントの日 ▶ 旅の日　　　　　　　　　　[ボイド] 00:49〜06:11
遠い場所との間に、橋が架かり始める。

4 水
旅の日
遠出したり、遠くから人が訪ねてくれたりする日。発信力も増す。

5 木
旅の日 ▶ 達成の日　　　　　　　　　　　　[ボイド] 08:36〜13:23
意欲が湧く。はっきりした成果が出る時間へ。

6 金
達成の日
目標に手が届く。結果が出る日。人から認められる場面も。

7 土
達成の日 ▶ 友だちの日　　　　　　　　　　[ボイド] 09:03〜18:51
肩の力が抜け、伸びやかな気持ちになれる。
◆火星が「家」のハウスで逆行開始。環境改善の手を止めて、守るべきものを確かめる。◆金星が「目標と結果」のハウスへ。目標達成と勲章。気軽に掴めるチャンス。嬉しい配役。

8 日
友だちの日
未来のプランを立てる。友だちと過ごせる。チームワーク。
◆海王星が「夢と友」のハウスで順行へ。希望の光が射し始める。人の心の美しさに触れる。

9 月
●友だちの日 ▶ ひみつの日　　　　　　　　[ボイド] 17:46〜22:39
ざわめきから少し離れたくなる。自分の時間。

10 火
ひみつの日
一人の時間。過去を振り返り、戦略を練る。自分を大事にする。

11 水
ひみつの日　　　　　　　　　　　　　　　[ボイド] 07:15〜
一人の時間。過去を振り返り、戦略を練る。自分を大事にする。

12 木
ひみつの日 ▶ スタートの日　　　　　　　　[ボイド] 〜00:57
新しいことを始めやすい時間に切り替わる。

13 金
スタートの日　　　　　　　　　　　　　　[ボイド] 21:41〜
主役の意識で動く。新しい選択肢を選べる。気持ちが切り替わる。

14 土
スタートの日 ▶ お金の日　　　　　　　　　[ボイド] 〜02:23
物質面・経済活動が活性化する時間に入る。

15 日
○お金の日　　　　　　　　　　　　　　　[ボイド] 23:33〜
いわゆる「金運がいい」日。実入りが良く、いい買い物もできそう。
🌙「生産」のハウスで満月。経済的・物質的な努力が実り、収穫が得られる。豊かさ、満足。

16	月	お金の日 ▶ メッセージの日　　　　　　　　　　　　　　　　　　［ボイド］ 〜04:23

16 月
お金の日 ▶ メッセージの日　　　　　　　　　　　　　　　　［ボイド］ 〜04:23
「動き」が出てくる。コミュニケーションの活性。
◆水星が「ギフト」のハウスで順行へ。経済的な関係性がスムーズ
に。マネジメントの成功。

17 火
メッセージの日
待っていた朗報が届く。勉強が捗る。外に出たくなる日。

18 水
メッセージの日 ▶ 家の日　　　　　　　　　　　　　　［ボイド］ 03:35〜08:41
生活環境や身内に目が向かう。原点回帰。

19 木
家の日
「普段の生活」が充実。身内との関係強化。環境改善ができる。

20 金
家の日 ▶ 愛の日　　　　　　　　　　　　　　　　　［ボイド］ 14:21〜16:39
愛の追い風が吹く。好きなことができる。

21 土
愛の日
愛について嬉しいことがある。子育て、趣味、創作にも追い風が。
◆太陽が「旅」のハウスへ。1年のサイクルの中で「精神的成長」を
確認するとき。

22 日
愛の日　　　　　　　　　　　　　　　　　　　　　　［ボイド］ 22:29〜
愛について嬉しいことがある。子育て、趣味、創作にも追い風が。

23 月
◖愛の日 ▶ メンテナンスの日　　　　　　　　　　　　　　［ボイド］ 〜04:09
「やりたいこと」から「やるべきこと」へのシフト。

24 火
メンテナンスの日　　　　　　　　　　　　　　　　　　［ボイド］ 19:46〜
生活や心身の故障部分を修理できる。ケアしたり、されたり。

25 水
メンテナンスの日 ▶ 人に会う日　　　　　　　　　　　　［ボイド］ 〜17:08
「自分の世界」から「外界」へ出るような節目。

26 木
人に会う日
人に会ったり、会う約束をしたりする日。出会いの気配も。

27 金
人に会う日　　　　　　　　　　　　　　　　　　　　［ボイド］ 23:26〜
人に会ったり、会う約束をしたりする日。出会いの気配も。

28 土
人に会う日 ▶ プレゼントの日　　　　　　　　　　　　　［ボイド］ 〜04:48
他者との関係に、さらに一歩踏み込めるように。

29 日
プレゼントの日
人から貴重なものを受け取れる。提案を受ける場面も。

30 月
プレゼントの日 ▶ 旅の日　　　　　　　　　　　　　［ボイド］ 08:36〜13:39
遠い場所との間に、橋が架かり始める。

31 火
●旅の日
遠出したり、遠くから人が訪ねてくれたりする日。発信力も増す。
☽「旅」のハウスで新月。旅に出発する。専門分野を開拓し始める。
矢文を放つ。

参考 カレンダー解説の文字・線の色

あなたの星座にとって星の動きがどんな意味を
持つか、わかりやすくカレンダーに書き込んで
みたのが、P.89からの「カレンダー解説」です。
色分けは厳密なものではありませんが、だいた
い以下のようなイメージで分けられています。

—— **赤色**
インパクトの強い出来事、意欲や情熱、
パワーが必要な場面。

—— **水色**
ビジネスや勉強、コミュニケーションなど、
知的な活動に関すること。

—— **紺色**
重要なこと、長期的に大きな意味のある変化。
精神的な変化、健康や心のケアに関すること。

—— **緑色**
居場所、家族に関すること。

—— **ピンク色**
愛や人間関係に関すること。嬉しいこと。

—— **オレンジ色**
経済活動、お金に関すること。

牡牛座 2024年の
カレンダー解説

● 解説の文字・線の色のイメージは P88 をご参照下さい ●

1 ·JANUARY·

mon	tue	wed	thu	fri	sat	sun
1	2	3	④	5	6	7
8	9	10	11	12	13	14
15	16	17	18	19	20	㉑
22	23	24	25	㉖	27	28
29	30	31				

1/4–2/17 冒険と学びの時間。精力的に勉強する人、ガンガン旅行する人も。知的な活動の範囲が拡大する。

1/21 新しい野心への道が視野に入る。やってみたいことに出会える。強い意欲が燃え始める。

1/26 居場所や家族に関して、嬉しいことが起こりそう。身近な人への働きかけが実を結ぶ。「根を下ろす」実感。

2 ·FEBRUARY·

mon	tue	wed	thu	fri	sat	sun
			1	2	3	4
5	6	7	8	9	⑩	11
12	13	14	15	16	17	18
19	20	21	22	23	㉔	25
26	27	28	29			

2/10 新しいミッションが始まる。とてもフレッシュなタイミング。新しい目標を掲げ、行動を起こす人も。

2/13–3/23 仕事や対外的な活動における「勝負」の時間。ガンガン挑戦して結果を出せる。外に出て闘える時。特にこの時期は、野心的になれる。

2/24 「愛が満ちる・実る」時。クリエイティブな活動において、大きな成果を挙げる人も。

3 • MARCH •

mon	tue	wed	thu	fri	sat	sun
				1	2	3
4	5	6	7	8	9	10
11	(12)	13	14	15	16	17
18	19	20	21	22	23	24
(25)	26	27	28	29	30	31

4 • APRIL •

mon	tue	wed	thu	fri	sat	sun
1	2	3	4	5	6	7
8	(9)	10	11	12	13	14
15	16	17	18	19	20	21
22	23	(24)	25	26	27	28
29	30					

3/12–4/5　嬉しいことがたくさん起こる、素晴らしい季節。心躍る出来事が起こる。人に恵まれる。優しくなれる。人気が出る。新しい希望が湧いてくる。心身のコンディションが上向きに。

3/25　日々の積み重ねの結果が大きく表れる時。努力の成果が出てくる。疲労を溜め込んでいる人は、体調を崩す気配も。

4/9　この日の前後、不思議な「過去との邂逅」が起こるかも。抱え続けてきた悲しみや悩みが消える。過去からの恩恵のようなものを受け取り、救いを得られる。

4/24　人間関係が大きく進展する。誰かとの関係が深く、強くなる。交渉事がまとまる。相談の結論が出る。大事な約束を交わす人も。

4/29–5/24　キラキラの素晴らしい季節。心躍る出来事がたくさん起こる。自分という存在に強いスポットライトが当たり、注目される。「変身」する人も。とにかく楽しい、嬉しい時間帯。

5 •MAY•

mon	tue	wed	thu	fri	sat	sun
		1	2	3	4	5
6	7	⑧	9	10	11	12
13	14	15	16	17	18	19
20	21	22	23	24	25	㉖
27	28	29	30	31		

5/8　特別な始まりの時間。ドラマティックな出来事が起こるかも。

5/16–5/24　あなたの星座に星がぎゅっと集まり、「何でもアリ！」の時間。目新しいこと、面白いことがどんどん起こる。出会い、挑戦、開拓の時。特にこの時期は、嬉しいことが起こりやすい。

5/26–2025/6/10　経済活動が一気に進展する。お金やモノについて、長期的な転機に立つ。経済力が強まる。大きな財を獲得できる。価値を生み出せる。「手に職をつける」人も。何か素晴らしいものが手に入る時。

6 •JUNE•

mon	tue	wed	thu	fri	sat	sun
					1	2
3	4	5	⑥	7	8	9
10	11	12	13	14	15	16
17	18	19	20	21	22	23
24	25	26	27	28	29	30

6/6　新しい経済活動が始まる時。長期的な展望に立ち、最初の一歩を踏み出せる。

6/9–7/21　勝負の時。ガンガンチャレンジできる自分自身との闘いに勝てる。混乱や戸惑いを感じることがあっても、迷わず前進を。

7 • JULY •

mon	tue	wed	thu	fri	sat	sun
1	②	3	4	5	6	7
8	9	10	11	12	13	14
15	16	17	18	19	20	21
22	23	24	25	26	27	28
29	30	31				

8 • AUGUST •

mon	tue	wed	thu	fri	sat	sun
			1	2	3	4
5	6	7	8	9	10	11
12	13	14	⑮	16	17	18
19	⑳	21	22	23	24	25
26	27	28	㉙	30	31	

7/2–9/9　家族や住処に嬉しいことが起こりそう。身近な人と和気あいあいと過ごせる。普段より時間をかけて身近な人と向き合える。

7/21–9/5　精力的に「稼ぐ」「獲得する」時間。経済活動が熱く活性化する。大きな買い物に挑む人、なんらかの形で「賭け」に出る人も。

8/5–8/29　愛がキラキラ輝く、とても嬉しい時間。クリエイティブな活動にも強い追い風が吹く。遊び、趣味、子育てにも楽しく取り組める。

8/15–8/29　家族や身近な人のために、しっかり「立ち止まる」ことができる時。普段見過ごしがちなことにしっかり目を向けられる。大切なもののために時間を取れる。

8/20　大きな目標を達成できる。仕事や対外的な活動で大きな成果を挙げられる。

8/29–9/23　心身のコンディションがぐっと上向きに。生活全体が明るくなる。爽やかなやる気が出てくる。なにかとやりやすい時期。

9 • SEPTEMBER •

mon	tue	wed	thu	fri	sat	sun
						1
2	③	4	5	6	7	8
9	10	11	12	13	14	15
16	17	⑱	19	20	21	22
23	24	25	26	27	28	29
30						

9/3 「愛が生まれる」タイミング。好きになれることに出会える。恋に落ちる人も。クリエイティブな活動の新しいスタートライン。

9/18 まとめ役のような立場に立つ時。自分の調整次第で、物事の流れが大きく変わる。フットワーク良く動き、これからの段取りを固められる。

9/23–11/22 人に恵まれる時。人と会う機会が増える。素敵な出会いの気配も。特に10/18までは相手のペースに巻き込まれるような感じがあるかも。不器用でも大丈夫。

10 • OCTOBER •

mon	tue	wed	thu	fri	sat	sun
	1	2	③	4	5	6
7	8	9	10	11	12	13
14	15	16	17	18	19	20
21	22	23	24	25	26	27
28	29	30	31			

10/3 生活の中に新しいものが流れ込んでくる。新たな習慣をスタートさせる人、日々のルーティンが一変する人、任務や役割が大きく変わる人も。心身の調子がパッと変わる気配も。

11 • NOVEMBER •

mon	tue	wed	thu	fri	sat	sun
				①	2	3
4	5	6	7	8	9	10
11	12	13	14	15	⑯	17
18	19	⑳	21	22	23	24
25	26	27	28	29	30	

12 • DECEMBER •

mon	tue	wed	thu	fri	sat	sun
						1
2	3	4	5	6	⑦	8
9	10	11	12	13	14	15
16	17	18	19	20	21	22
23	24	25	26	27	28	29
30	31					

11/1 素敵な出会いの時。パートナーとの関係に新鮮な風が流れ込む。対話や交渉が始まる。

11/4–2025/1/6 「居場所が動く」時。引っ越しや模様替え、家族構成の変化などが起こるかも。身近な人としっかり向き合い、思いをぶつけ合える。「膿を出してスッキリする」ような試みも。

11/16 頑張ってきたことが認められ、大きく前進できる時。目指す場所に辿り着ける。一山越える時。大切なターニングポイント。

11/20 ここから本格的なキャリアの転換期に入る。2043年までの中で、社会的な立場や役割が激変するかも。

12/7–2025/1/3 キラキラしたチャンスが巡ってくる。人から褒められる場面が増える。日々の活動がとても楽しくなる。ちょっとしたきっかけから大きなプロジェクトに巻き込まれていく人も。

2024年のプチ占い（天秤座～魚座）

天秤座（9/24-10/23生まれ）

出会いとギフトの年。自分では決して出会えないようなものを、色々な人から手渡される。チャンスを作ってもらえたり、素敵な人と繋げてもらえたりするかも。年の後半は大冒険と学びの時間に入る。

蠍座（10/24-11/22生まれ）

パートナーシップと人間関係の年。普段関わるメンバーが一変したり、他者との関わり方が大きく変わったりする。人と会う機会が増える。素晴らしい出会いに恵まれる。人から受け取るものが多い年。

射手座（11/23-12/21生まれ）

働き方や暮らし方を大きく変えることになるかも。健康上の問題を抱えていた人は、心身のコンディションが好転する可能性が。年の半ば以降は、出会いと関わりの時間に入る。パートナーを得る人も。

山羊座（12/22-1/20生まれ）

2008年頃からの「魔法」が解けるかも。執着やこだわり、妄念から解き放たれる。深い心の自由を得られる。年の前半は素晴らしい愛と創造の季節。楽しいことが目白押し。後半は新たな役割を得る人も。

水瓶座（1/21-2/19生まれ）

野心に火がつく。どうしても成し遂げたいことに出会えるかも。自分を縛ってきた鎖を粉砕するような試みができる。年の前半は新たな居場所を見つけられるかも。後半はキラキラの愛と創造の時間へ。

魚座（2/20-3/20生まれ）

コツコツ続けてきたことが、だんだんと形になる。理解者に恵まれ、あちこちから意外な助け船を出してもらえる年。年の半ばから約1年の中で、新しい家族が増えたり、新たな住処を見つけたりできる。

（※牡羊座～乙女座はP.30）

星のサイクル
海王星

✿ 海王星のサイクル

　現在魚座に滞在中の海王星は、2025年3月に牡羊座へと移動を開始し、2026年1月に移動を完了します。つまり今、私たちは2012年頃からの「魚座海王星時代」を後にし、新しい「牡羊座海王星時代」を目前にしているのです。海王星のサイクルは約165年ですから、一つの星座の海王星を体験できるのはいずれも、一生に一度です。海王星は幻想、理想、夢、無意識、音楽、映像、海、オイル、匂いなど、目に見えないもの、手で触れないものに関係の深い星です。現実と理想、事実と想像、生と死を、私たちは生活の中で厳密に分けていますが、たとえば詩や映画、音楽などの世界では、その境界線は極めて曖昧になります。さらに、日々の生活の中でもごくマレに、両者の境界線が消える瞬間があります。その時私たちは、人生の非常に重要な、ある意味危険な転機を迎えます。「精神のイニシエーション」をしばしば、私たちは海王星とともに過ごすのです。以下、来年からの新しい「牡羊座海王星時代」を、少し先取りして考えてみたいと思います。

海王星のサイクル年表 (詳しくは次のページへ)

時　期	牡牛座のあなたにとってのテーマ
1928年 - 1943年	愛の救い、愛の夢
1942年 - 1957年	心の生活、セルフケアの重要性
1955年 - 1970年	「他者との関わり」という救い
1970年 - 1984年	経済活動が「大きく回る」時
1984年 - 1998年	精神の学び
1998年 - 2012年	人生の、真の精神的目的
2011年 - 2026年	できるだけ美しい夢を描く
2025年 - 2039年	大スケールの「救い」のプロセス
2038年 - 2052年	コントロール不能な、精神的成長の過程
2051年 - 2066年	魂とお金の関係
2065年 - 2079年	価値観、世界観の精神的アップデート
2078年 - 2093年	居場所、水、清らかな感情

※時期について／海王星は順行・逆行を繰り返すため、星座の境界線を
何度か往復してから移動を完了する。上記の表で、開始時は最初の移動の
タイミング、終了時は移動完了のタイミング。

◆ 1928-1943年　愛の救い、愛の夢
感受性がゆたかさを増し、才能と個性が外界に向かって大きく開かれて、素晴らしい創造性を発揮できる時です。人の心を揺さぶるもの、人を救うものなどを、あなたの活動によって生み出せます。誰もが心の中になんらかの痛みや傷を抱いていますが、そうした傷を愛の体験を通して「癒し合える」時です。

◆ 1942-1957年　心の生活、セルフケアの重要性
できる限りワガママに「自分にとっての、真に理想と言える生活のしかた」を作ってゆく必要があります。自分の精神や「魂」が心底求めている暮らし方を、時間をかけて創造できます。もっともらしい精神論に惑わされて自分を見失わないで。他者にするのと同じくらい、自分自身をケアしたい時です。

◆ 1955-1970年　「他者との関わり」という救い
人から精神的な影響を受ける時期です。一対一での他者との関わりの中で、自分の考え方や価値観の独特な癖に気づかされ、さらに「救い」を得られます。相手が特に「救おう」というつもりがなくとも、その関係の深まり自体が救いとなるのです。人生を変えるような、大きな心の結びつきを紡ぐ時間です。

◆ 1970-1984年　経済活動が「大きく回る」時
「人のために、自分の持つ力を用いる」という意識を持つことと、「自分ではどうにもできないこと」をありのままに受け止めること。この二つのスタンスが、あなたを取り巻く経済活動を大きく活性化させます。無欲になればなるほど豊かさが増し、生活の流れが良くなるのです。性愛の夢を生きる人も。

◈ **1984 - 1998年　精神の学び**

ここでの学びの目的は単に知識を得ることではなく、学びを通した精神的成長です。学びのプロセスは言わば「手段」です。「そんなことを学んで、なんの役に立つの？」と聞かれ、うまく答えられないようなことこそが、この時期真に学ぶべきテーマだからです。学びを通して、救いを得る人もいるはずです。

◈ **1998 - 2012年　人生の、真の精神的目的**

仕事で大成功して「これはお金のためにやったのではない」と言う人がいます。「では、なんのためなのか」は、その人の精神に、答えがあります。この時期、あなたは自分の人生において真に目指せるものに出会うでしょう。あるいは、多くの人から賞賛されるような「名誉」を手にする人もいるはずです。

◈ **2011 - 2026年　できるだけ美しい夢を描く**

人生で一番美しく、大きく、素敵な夢を描ける時です。その夢が実現するかどうかより、できるだけ素晴らしい夢を描くということ自体が重要です。夢を見たことがある人と、そうでない人では、人生観も大きく異なるからです。大きな夢を描き、希望を抱くことで、人生で最も大切な何かを手に入れられます。

◈ **2025 - 2039年　大スケールの「救い」のプロセス**

あなたにとって「究極の望み」「一番最後の望み」があるとしたら、どんな望みでしょうか。「一つだけ願いを叶えてあげるよ」と言われたら、何を望むか。この命題に、新しい答えを見つけられます。「一つだけ叶う願い」は、あなたの心の救いとなり、さらに、あなたの大切な人を救う原動力ともなります。

◆ 2038-2052年 コントロール不能な、精神的成長の過程

「自分」が靄に包まれたように見えなくなり、アイデンティティを見失うことがあるかもしれません。意識的なコントロールや努力を離れたところで、人生の神髄に触れ、精神的な成長が深まります。この時期を終える頃、決して衰えることも傷つくこともない、素晴らしい人間的魅力が備わります。

◆ 2051-2066年 魂とお金の関係

経済活動は「計算」が基本です。ですがこの時期は不思議と「計算が合わない」傾向があります。世の経済活動の多くは、実際には「割り切れないこと」だらけです。こうした「1＋1＝2」にならない経済活動の秘密を見つめるための「心の力」が成長する時期です。魂とお金の関係の再構築が進みます。

◆ 2065-2079年 価値観、世界観の精神的アップデート

誰もが自分のイマジネーションの世界を生きています。どんなに「目の前の現実」を生きているつもりでも、自分自身の思い込み、すなわち「世界観」の外には、出られないのです。そうした「世界観」の柱となるのが、価値観や思想です。そうした世界観、枠組みに、大スケールのアップデートが起こります。

◆ 2078-2093年 居場所、水、清らかな感情

心の風景と実際の生活の場の風景を、時間をかけて「洗い上げる」ような時間です。家族や「身内」と呼べる人たちとの深い心の交流が生まれます。居場所や家族との関係の変容がそのまま、精神的成長に繋がります。物理的な居場所のメンテナンスが必要になる場合も。特に水回りの整備が重要な時です。

◆◇◇◆◇◇◆◇◇◆◇◇◆◇◇◆◇◇◆◇◇◆◇◇◆◇◇◆◇◇◆◇◇◆◇◇

～先取り！ 2025年からのあなたの「海王星時代」～
大スケールの「救い」のプロセス

　人は人生の中で、様々なものを望みます。そうした望みの中で、あなたにとって「究極の望み」「一番最後の望み」があるとしたら、それはどんな望みでしょうか。「一つだけ願いを叶えてあげるよ」と言われたら、何を望むか。この命題に、新しい答えを見つけられるのが、この時期です。「一つだけ叶う願い」は、あなたの心の救いとなります。人生のお守りとなり、さらに、あなたの大切な人を救う原動力ともなるでしょう。

　この時期、あなたは人から助けてもらえます。逆に、人を救うこともできます。「救い・癒し」のプロセスが大スケールで展開するのが、この時期なのです。人は、自分一人で癒されることはほとんどありません。また、他者を癒した時に自分も癒される、という現象も起こります。「ギブアンドテイク」の計算は、ここでは全く通用しません。与えきった人が最も多くを受け取るのです。誰の命令も受けず、常に自分自身の命令に従うこと。心の声を無視しないこと。自分の弱さも他人の弱さも、「許されない」ものはないと知ること。自分を

◆◇◇◆◇◇◆◇◇◆◇◇◆◇◇◆◇◇◆◇◇◆◇◇◆◇◇◆◇◇◆◇◇◆◇◇

責めたり罰したりしても何の意味もないこと。たとえばそうしたことを一つ一つ、見出（みいだ）しながら、自分自身の救済の道をまっすぐに歩いてゆけます。曲がりくねっているように見えても、実はその道は、まっすぐな心の道なのです。

この時期のあなたの悩みは、人間として最も深いところから湧き上がります。ゆえに、世俗的なハウツーや、常識的な対応策では、歯が立ちません。人間として一番大事な力を用い、自分の最も誠実で高潔な部分をフルに使い、人の手を借り、弱さをさらけ出すようにして、究極の何かを掴むことができます。

悩まずに成長する人はいません。不安を感じずに前進する人もいません。この時期の悩みや不安は、悩むだけの価値があります。あなたがこの悩みと向き合うことで得た力は、あなた以外の誰かを救う力となります。ここであなた自身が救われることによって、将来的にあなたもまた、誰かを救うことになるのです。

あなたの優しさや愛情を、必要としている誰かがこの世にいます。この時期が終わる頃、あなたはそのことを、頭ではなく心で、深く理解しているはずです。

HOSHIORI

12星座プロフィール

牡牛座のプロフィール
五感の星座

/// **I have.**

キャラクター

◈ 五感の星座

　牡牛座の人々は五感に優れる、とされています。味覚・聴覚・嗅覚・視覚・触覚が敏感で、感覚的な心地良さをどこまでも貪欲に追求する人々です。ゆえに、名コックや音楽家、芸術家など、五感の快美を突き詰めることを業とする専門家になりやすいようです。たとえそうした「職業」に就かなくとも、素人であっても牡牛座の人々は立派な芸術家であり、専門家です。物事を吟味し、楽しみ尽くすことにかけては、牡牛座の右に出る星座はありません。

◈ 豪奢を叶える才能

　たとえたくさんの芸術品や財宝を抱えていても、その「味わい方」がわからなければ、猫に小判、豚に真珠になってしまいます。お金がたくさんあっても、上手に贅沢ができる人もいれば、悪趣味な御殿を建てたり、かえって業突く張りのケチになったりする場合もあります。その点、牡牛座の人々は、いくらたくさんの富を抱えても、ちゃんとそ

の富を味わい、適切に用いることができます。**豪奢を豪奢**
として完成させる力がなければ、富も意味を失ってしまい
ますが、牡牛座の人々はどんなに少ない富も、どんなに大
きな富も、そのポテンシャルを最も良い形で引き出すこと
ができるのです。

◆ 一貫性と継続性

　牡牛座の人々は、変化を嫌い、一つのことをやり続ける
ことを好みます。粘り強く物事に取り組み、非常に大きな
仕事を成し遂げます。

　一方、たとえ不愉快なことであったとしても、「新しいこ
とを始めるくらいなら、今のままのほうがいい」と考える
人もいます。実際、現在の仕事に限りない不満を言い続け
たまま、40年間その仕事を勤め上げてしまう人なども珍し
くありません。牡牛座の人はそれほど、物事を「変えない」
のです。一方、一旦「変えよう」と決意してしまうと、も
うその動きを止めることはできません。内心で「やっぱり
やめておこうかな…」と思ったとしても、自分でも動きを
止められないのです。

　牡牛座の人々は、意見をころころ変えることなく、一貫
した考え方を持ち続けます。また、誰かに好意を持ったら、
その好意もまた、ずっと続いていきます。ゆえに、真に信

頼に足る人々、とされています。

◆ 穏やかさと、かんしゃく

　非常に穏やかな心を持っていて、めったに怒りません。ですが、一度怒りを発すると、その怒りは周囲を怯え上がらせるほど激しい上、かなり長い時間持続します。自分でも「怒るのを止められない」状態になるのです。「維持する」傾向は、感情の上でも顕著です。喜怒哀楽がどこまでも保たれて続いていき、自分で思うように気持ちを切り替えられないのは、牡牛座の人にとって、場合によっては辛く感じられることもあるようです。

　こうした傾向が「頑固」「強情」と評される場合もありますが、実際、牡牛座の人には意外なほど純朴な面があります。あどけないほどの素直さで人の言葉に耳を傾け、丸ごと受け入れてしまう、といったことが時々、起こります。自信のないことや未経験のことに触れたとき、そんなことが起こりやすいようです。

◆ 現実に立つ

　五感が物質と結びつき、物質は現実と結びついています。牡牛座の人は観念に飲み込まれることなく、目の前の現実をいつも直視しています。快美を愛する一方で、「リアル」

を見失うことがないのです。

支配星・神話

◇ 金星

　愛と美の星・金星が、牡牛座の支配星です。牡牛座の人々が美しいものや心地良いものを愛し、芸術に親しむのは、この星のもとに生まれているからだと考えると、いかにも納得がいきます。

　金星はヴィーナス、ギリシャ神話ではアプロディテと呼ばれる、愛と美の神様です。戦いを嫌い平和を望む、美しい女神です。

◇ 牡牛座の神話

　美少女エウロパに恋をした大神ゼウスは、彼女を驚かさないよう一計を案じ、真っ白な美しい牡牛に姿を変えて、海辺で遊ぶ彼女にそっと近づきました。するとエウロパは牡牛に興味を示し、やがてうちとけて、ふざけながら背中にまたがりました。

　すると牡牛は一気に海に向かって走り出し、そのまま彼女をさらって、海を越えました。やがて辿り着いた陸地で、ゼウスと彼女とは愛し合い、子どもが生まれました。ゼウスと美少女エウロパが辿り着いた陸地は、彼女の名前を取

って「ヨーロッパ」と呼ばれるようになりました。

　牛は古来、耕作や豊かさと結びつけられ、人々の信仰の対象でした。「聖なる牛」は、牡牛座の人々の美への関心とともに、その「生産力」も表しているのかもしれません。

牡牛座の才能

　偽物の多い世の中ですが、牡牛座の人の中には「本物」「いいもの」を選び分ける特別な才能を持つ人が少なくありません。アーティスティックな才能に恵まれている人も多いようです。また、知識や情報をしっかり体系的に蓄積し、それを自由自在に使うことができる、という能力も備わっています。知的活動においても多くの「在庫」を持つ傾向があるのです。一度興味を持つとずっとそのことに関心を持ち続けます。途切れることなく継続的に、とてもよく学ぶ人が多い星座です。

牡羊座 はじまりの星座　　　　　　　　　I am.

素敵なところ

裏表がなく純粋で、自他を比較しません。明るく前向きで、正義感が強く、諍(いさか)いのあともさっぱりしています。欲しいものを欲しいと言える勇気、自己主張する勇気、誤りを認める勇気の持ち主です。

キーワード

勢い／勝負／果断／負けず嫌い／せっかち／能動的／スポーツ／ヒーロー・ヒロイン／華やかさ／アウトドア／草原／野生／丘陵／動物愛／議論好き／肯定的／帽子・頭部を飾るもの／スピード／赤

 牡牛座 五感の星座　　　　　　　　　　　I have.

素敵なところ

感情が安定していて、態度に一貫性があります。知識や経験をたゆまずゆっくり、たくさん身につけます。穏やかでも不思議な存在感があり、周囲の人を安心させます。美意識が際立っています。

キーワード

感覚／色彩／快さ／リズム／マイペース／芸術／暢気(のんき)／贅沢／コレクション／一貫性／素直さと頑固さ／価値あるもの／美声・歌／料理／庭造り／変化を嫌う／積み重ね／エレガント／レモン色／白

 双子座 知と言葉の星座　　　　　　　　I think.

素敵なところ

イマジネーション能力が高く、言葉と物語を愛するユニークな人々です。フットワークが良く、センサーが敏感で、いくつになっても若々しく見えます。場の空気・状況を変える力を持っています。

キーワード

言葉／コミュニケーション／取引・ビジネス／相対性／比較／関連づけ／物語／比喩／移動／旅／ジャーナリズム／靴／天使・翼／小鳥／桜色／桃色／空色／文庫本／文房具／手紙

蟹座　感情の星座

I feel.

素敵なところ

心優しく、共感力が強く、人の世話をするときに手間を惜しみません。行動力に富み、人にあまり相談せずに大胆なアクションを起こすことがありますが、「聞けばちゃんと応えてくれる」人々です。

キーワード

感情／変化／月／守護・保護／日常生活／行動力／共感／安心／繰り返すこと／拒否／生活力／フルーツ／アーモンド／巣穴／胸部、乳房／乳白色／銀色／真珠

獅子座　意思の星座

I will.

素敵なところ

太陽のように肯定的で、安定感があります。深い自信を持っており、側にいる人を安心させることができます。人を頷かせる力、一目置かせる力、パワー感を持っています。内面には非常に繊細な部分も。

キーワード

強さ／クールさ／肯定的／安定感／ゴールド／背中／自己表現／演技／芸術／暖炉／広場／人の集まる賑やかな場所／劇場・舞台／お城／愛／子供／緋色／パープル／緑

乙女座　分析の星座

I analyze.

素敵なところ

一見クールに見えるのですが、とても優しく世話好きな人々です。他者に対する観察眼が鋭く、シャープな批評を口にしますが、その相手の変化や成長を心から喜べる、「教育者」の顔を持っています。

キーワード

感受性の鋭さ／「気が利く」人／世話好き／働き者／デザイン／コンサバティブ／胃腸／神経質／分析／調合／変化／回復の早さ／迷いやすさ／研究家／清潔／ブルーブラック／空色／桃色

天秤座 関わりの星座

I balance.

素敵なところ

高い知性に恵まれると同時に、人に対する深い愛を抱いています。視野が広く、客観性を重視し、細やかな気遣いができます。内側には熱い情熱を秘めていて、個性的なこだわりや競争心が強い面も。

キーワード

人間関係／客観視／合理性／比較対象／美／吟味／審美眼／評価／選択／平和／交渉／結婚／諍い（いさか）／調停／パートナーシップ／契約／洗練／豪奢／黒／芥子色（から）／深紅色／水色／薄い緑色／ベージュ

蠍座 情熱の星座

I desire.

素敵なところ

意志が強く、感情に一貫性があり、愛情深い人々です。一度愛したものはずっと長く愛し続けることができます。信頼に足る、芯の強さを持つ人です。粘り強く努力し、不可能を可能に変えます。

キーワード

融け合う心／継承／遺伝／魅力／支配／提供／共有／非常に古い記憶／放出／流動／隠されたもの／湖沼／果樹園／庭／葡萄酒／琥珀／茶色／濃い赤／カギつきの箱／ギフト

射手座 冒険の星座

I understand.

素敵なところ

冒険心に富む、オープンマインドの人々です。自他に対してごく肯定的で、恐れを知らぬ勇気と明るさで周囲を照らし出します。自分の信じるものに向かってまっすぐに生きる強さを持っています。

キーワード

冒険／挑戦／賭け／負けず嫌い／馬や牛など大きな動物／遠い外国／語学／宗教／理想／哲学／おおらかさ／自由／普遍性／スピードの出る乗り物／船／黄色／緑色／ターコイズブルー／グレー

山羊座　実現の星座

I use.

素敵なところ

夢を現実に変えることのできる人々です。自分個人の世界だけに収まる小さな夢ではなく、世の中を変えるような、大きな夢を叶えることができる力を持っています。優しく力強く、芸術的な人です。

キーワード

城を築く／行動力／実現／責任感／守備／権力／支配者／組織／芸術／伝統／骨董品／彫刻／寺院／華やかな色彩／ゴージャス／大きな楽器／黒／焦げ茶色／薄い茜色／深緑

水瓶座　思考と自由の星座

I know.

素敵なところ

自分の頭でゼロから考えようとする、澄んだ思考の持ち主です。友情に篤く、損得抜きで人と関わろうとする、静かな情熱を秘めています。ユニークなアイデアを実行に移すときは無二の輝きを放ちます。

キーワード

自由／友情／公平・平等／時代の流れ／流行／メカニズム／合理性／ユニセックス／神秘的／宇宙／飛行機／通信技術／電気／メタリック／スカイブルー／チェック、ストライプ

魚座　透明な心の星座

I believe.

素敵なところ

人と人とを分ける境界線を、自由自在に越えていく不思議な力の持ち主です。人の心にするりと入り込み、相手を支え慰めることができます。場や世界を包み込むような大きな心を持っています。

キーワード

変容／変身／愛／海／救済／犠牲／崇高／聖なるもの／無制限／変幻自在／天衣無縫／幻想／瞑想／蠱惑／エキゾチック／ミステリアス／シースルー／黎明／白／ターコイズブルー／マリンブルー

用語解説

星の逆行

　星占いで用いる星々のうち、太陽と月以外の惑星と冥王星は、しばしば「逆行」します。これは、星が実際に軌道を逆走するのではなく、あくまで「地球からそう見える」ということです。

　たとえば同じ方向に向かう特急電車が普通電車を追い抜くとき、相手が後退しているように見えます。「星の逆行」は、この現象に似ています。地球も他の惑星と同様、太陽のまわりをぐるぐる回っています。ゆえに一方がもう一方を追い抜くとき、あるいは太陽の向こう側に回ったときに、相手が「逆走している」ように見えるのです。

　星占いの世界では、星が逆行するとき、その星の担うテーマにおいて停滞や混乱、イレギュラーなことが起こる、と解釈されることが一般的です。ただし、この「イレギュラー」は「不運・望ましくない展開」なのかというと、そうではありません。

　私たちは自分なりの推測や想像に基づいて未来の計画を立て、無意識に期待し、「次に起こること」を待ち受けます。その「待ち受けている」場所に思い通りのボールが飛んでこなかったとき、苛立ちや焦り、不安などを感じます。でも、そのこと自体が「悪いこと」かというと、決してそうではないはずです。なぜなら、人間の推測や想像には、限界があるか

らです。推測通りにならないことと、「不運」はまったく別のことです。

　星の逆行時は、私たちの推測や計画と、実際に巡ってくる未来とが「噛み合いにくい」ときと言えます。ゆえに、現実に起こる出来事全体が、言わば「ガイド役・導き手」となります。目の前に起こる出来事に導いてもらうような形で先に進み、いつしか、自分の想像力では辿り着けなかった場所に「つれていってもらえる」わけです。

　水星の逆行は年に三度ほど、一回につき3週間程度で起こります。金星は約1年半ごと、火星は2年に一度ほど、他の星は毎年太陽の反対側に回る数ヵ月、それぞれ逆行します。

　たとえば水星逆行時は、以下のようなことが言われます。

　◆ 失せ物が出てくる／この時期なくしたものはあとで出てくる
　◆ 旧友と再会できる
　◆ 交通、コミュニケーションが混乱する
　◆ 予定の変更、物事の停滞、遅延、やり直しが発生する

　これらは「悪いこと」ではなく、無意識に通り過ぎてしまった場所に忘れ物を取りに行くような、あるいは、トンネルを通って山の向こうへ出るような動きです。掛け違えたボタンを外してはめ直すようなことができる時間なのです。

ボイドタイム―月のボイド・オブ・コース

　ボイドタイムとは、正式には「月のボイド・オブ・コース」となります。実は、月以外の星にもボイドはあるのですが、月のボイドタイムは3日に一度という頻度で巡ってくるので、最も親しみやすい（？）時間と言えます。ボイドタイムの定義は「その星が今いる星座を出るまで、他の星とアスペクト（特別な角度）を結ばない時間帯」です。詳しくは占星術の教科書などをあたってみて下さい。

　月のボイドタイムには、一般に、以下のようなことが言われています。

◆ 予定していたことが起こらない／想定外のことが起こる

◆ ボイドタイムに着手したことは無効になる

◆ 期待通りの結果にならない

◆ ここでの心配事はあまり意味がない

◆ 取り越し苦労をしやすい

◆ 衝動買いをしやすい

◆ この時間に占いをしても、無効になる。意味がない

　ボイドをとても嫌う人も少なくないのですが、これらをよく見ると、「悪いことが起こる」時間ではなく、「あまりいろいろ気にしなくてもいい時間」と思えないでしょうか。

とはいえ、たとえば大事な手術や面接、会議などがこの時間帯に重なっていると「予定を変更したほうがいいかな？」という気持ちになる人もいると思います。

　この件では、占い手によっても様々に意見が分かれます。その人の人生観や世界観によって、解釈が変わり得る要素だと思います。

　以下は私の意見なのですが、大事な予定があって、そこにボイドや逆行が重なっていても、私自身はまったく気にしません。

　では、ボイドタイムは何の役に立つのでしょうか。一番役に立つのは「ボイドの終わる時間」です。ボイド終了時間は、星が星座から星座へ、ハウスからハウスへ移動する瞬間です。つまり、ここから新しい時間が始まるのです。

　たとえば、何かうまくいかないことがあったなら、「366日のカレンダー」を見て、ボイドタイムを確認します。もしボイドだったら、ボイド終了後に、物事が好転するかもしれません。待っているものが来るかもしれません。辛い待ち時間や気持ちの落ち込んだ時間は、決して「永遠」ではないのです。

月齢について

　本書では月の位置している星座から、自分にとっての「ハウス」を読み取り、毎日の「月のテーマ」を紹介しています。ですが月にはもう一つの「時計」としての機能があります。それは、「満ち欠け」です。

　月は1ヵ月弱のサイクルで満ち欠けを繰り返します。夕方に月がふと目に入るのは、新月から満月へと月が膨らんでいく時間です。満月から新月へと月が欠けていく時間は、月が夜遅くから明け方でないと姿を現さなくなります。

　夕方に月が見える・膨らんでいく時間は「明るい月の時間」で、物事も発展的に成長・拡大していくと考えられています。一方、月がなかなか出てこない・欠けていく時間は「暗い月の時間」で、物事が縮小・凝縮していく時間となります。

　これらのことはもちろん、科学的な裏付けがあるわけではなく、あくまで「古くからの言い伝え」に近いものです。

　新月と満月のサイクルは「時間の死と再生のサイクル」です。このサイクルは、植物が繁茂しては枯れ、種によって子孫を残す、というイメージに重なります。「死」は本当の「死」ではなく、種や球根が一見眠っているように見える、その状態を意味します。

　そんな月の時間のイメージを、図にしてみました。

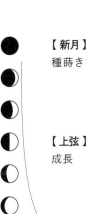

【新月】
種蒔き

芽が出る、新しいことを始める、目標を決める、新品を下ろす、髪を切る、悪癖をやめる、コスメなど、古いものを新しいものに替える

【上弦】
成長

勢い良く成長していく、物事を付け加える、増やす、広げる、決定していく、少し一本調子になりがち

【満月】
開花、
結実

達成、到達、充実、種の拡散、実を収穫する、人間関係の拡大、ロングスパンでの計画、このタイミングにゴールや〆切りを設定しておく

【下弦】
貯蔵、
配分

加工、貯蔵、未来を見越した作業、不要品の処分、故障したものの修理、古物の再利用を考える、蒔くべき種の選別、ダイエット開始、新月の直前、材木を切り出す

【新月】
次の
種蒔き

新しい始まり、仕切り直し、軌道修正、過去とは違った選択、変更

以下、月のフェーズを六つに分けて説明してみます。

● 新月　New moon

「スタート」です。時間がリセットされ、新しい時間が始まる！というイメージのタイミングです。この日を境に悩みや迷いから抜け出せる人も多いようです。とはいえ新月の当日は、気持ちが少し不安定になる、という人もいるようです。細い針のような月が姿を現す頃には、フレッシュで爽やかな気持ちになれるはずです。日食は「特別な新月」で、1年に二度ほど起こります。ロングスパンでの「始まり」のときです。

● 三日月〜 ● 上弦の月　Waxing crescent - First quarter moon

ほっそりした月が半月に向かうに従って、春の草花が生き生きと繁茂するように、物事が勢い良く成長・拡大していきます。大きく育てたいものをどんどん仕込んでいけるときです。

● 十三夜月〜小望月（こもちづき）　Waxing gibbous moon

少量の水より、大量の水を運ぶときのほうが慎重さを必要とします。それにも似て、この時期は物事が「完成形」に近づき、細かい目配りや粘り強さ、慎重さが必要になるようです。一歩一歩確かめながら、満月というゴールに向かいます。

○ 満月　Full moon

新月からおよそ2週間、物事がピークに達するタイミングです。文字通り「満ちる」ときで、「満を持して」実行に移せることもあるでしょう。大事なイベントが満月の日に計画されている、ということもよくあります。意識してそうしたのでなくとも、関係者の予定を繰り合わせたところ、自然と満月前後に物事のゴールが置かれることがあるのです。

月食は「特別な満月」で、半年から1年といったロングスパンでの「到達点」です。長期的なプロセスにおける「折り返し地点」のような出来事が起こりやすいときです。

◑ 十六夜の月〜寝待月　Waning gibbous moon

樹木の苗や球根を植えたい時期です。時間をかけて育てていくようなテーマが、ここでスタートさせやすいのです。また、細くなっていく月に擬えて、ダイエットを始めるのにも良い、とも言われます。植物が種をできるだけ広くまき散らそうとするように、人間関係が広がるのもこの時期です。

◑ 下弦の月〜◖ 二十六夜月　Last quarter - Waning crescent moon

秋から冬に球根が力を蓄えるように、ここでは「成熟」がテーマとなります。物事を手の中にしっかり掌握し、力をためつつ「次」を見据えてゆっくり動くときです。いたずらに物珍しいことに踊らされない、どっしりした姿勢が似合います。

◆ 太陽星座早見表　牡牛座

（1930〜2025年／日本時間）

太陽が牡牛座に滞在する時間帯を下記の表にまとめました。

これより前は牡羊座、これより後は双子座ということになります。

生まれた年	期間			生まれた年	期間		
1930	4/21	5:06 ～	5/22　4:41	1954	4/21	0:20 ～	5/21　23:46
1931	4/21	10:40 ～	5/22　10:14	1955	4/21	5:58 ～	5/22　5:23
1932	4/20	16:28 ～	5/21　16:06	1956	4/20	11:43 ～	5/21　11:12
1933	4/20	22:18 ～	5/21　21:56	1957	4/20	17:41 ～	5/21　17:09
1934	4/21	4:00 ～	5/22　3:34	1958	4/20	23:27 ～	5/21　22:50
1935	4/21	9:50 ～	5/22　9:24	1959	4/21	5:17 ～	5/22　4:41
1936	4/20	15:31 ～	5/21　15:06	1960	4/20	11:06 ～	5/21　10:33
1937	4/20	21:19 ～	5/21　20:56	1961	4/20	16:55 ～	5/21　16:21
1938	4/21	3:15 ～	5/22　2:49	1962	4/20	22:51 ～	5/21　22:16
1939	4/21	8:55 ～	5/22　8:26	1963	4/21	4:36 ～	5/22　3:57
1940	4/20	14:51 ～	5/21　14:22	1964	4/20	10:27 ～	5/21　9:49
1941	4/20	20:50 ～	5/21　20:22	1965	4/20	16:26 ～	5/21　15:49
1942	4/21	2:39 ～	5/22　2:08	1966	4/20	22:12 ～	5/21　21:31
1943	4/21	8:32 ～	5/22　8:02	1967	4/21	3:55 ～	5/22　3:17
1944	4/20	14:18 ～	5/21　13:50	1968	4/20	9:41 ～	5/21　9:05
1945	4/20	20:07 ～	5/21　19:39	1969	4/20	15:27 ～	5/21　14:49
1946	4/21	2:02 ～	5/22　1:33	1970	4/20	21:15 ～	5/21　20:36
1947	4/21	7:39 ～	5/22　7:08	1971	4/21	2:54 ～	5/22　2:14
1948	4/20	13:25 ～	5/21　12:57	1972	4/20	8:37 ～	5/21　7:59
1949	4/20	19:17 ～	5/21　18:50	1973	4/20	14:30 ～	5/21　13:53
1950	4/21	0:59 ～	5/22　0:26	1974	4/20	20:19 ～	5/21　19:35
1951	4/21	6:48 ～	5/22　6:14	1975	4/21	2:07 ～	5/22　1:23
1952	4/20	12:37 ～	5/21　12:03	1976	4/20	8:03 ～	5/21　7:20
1953	4/20	18:25 ～	5/21　17:52	1977	4/20	13:57 ～	5/21　13:13

生まれた年	期間					
1978	4/20	19:50	~	5/21	19:07
1979	4/21	1:35	~	5/22	0:53
1980	4/20	7:23	~	5/21	6:41
1981	4/20	13:19	~	5/21	12:38
1982	4/20	19:07	~	5/21	18:22
1983	4/21	0:50	~	5/22	0:05
1984	4/20	6:38	~	5/21	5:57
1985	4/20	12:26	~	5/21	11:42
1986	4/20	18:12	~	5/21	17:27
1987	4/20	23:58	~	5/21	23:09
1988	4/20	5:45	~	5/21	4:56
1989	4/20	11:39	~	5/21	10:53
1990	4/20	17:27	~	5/21	16:36
1991	4/20	23:08	~	5/21	22:19
1992	4/20	4:57	~	5/21	4:11
1993	4/20	10:49	~	5/21	10:01
1994	4/20	16:36	~	5/21	15:47
1995	4/20	22:21	~	5/21	21:33
1996	4/20	4:10	~	5/21	3:22
1997	4/20	10:03	~	5/21	9:17
1998	4/20	15:57	~	5/21	15:04
1999	4/20	21:46	~	5/21	20:51
2000	4/20	3:39	~	5/21	2:48
2001	4/20	9:37	~	5/21	8:44

生まれた年	期間					
2002	4/20	15:22	~	5/21	14:29
2003	4/20	21:04	~	5/21	20:12
2004	4/20	2:51	~	5/21	1:59
2005	4/20	8:38	~	5/21	7:47
2006	4/20	14:27	~	5/21	13:32
2007	4/20	20:08	~	5/21	19:12
2008	4/20	1:52	~	5/21	1:01
2009	4/20	7:45	~	5/21	6:51
2010	4/20	13:31	~	5/21	12:34
2011	4/20	19:19	~	5/21	18:21
2012	4/20	1:13	~	5/21	0:16
2013	4/20	7:04	~	5/21	6:10
2014	4/20	12:57	~	5/21	11:59
2015	4/20	18:43	~	5/21	17:45
2016	4/20	0:31	~	5/20	23:37
2017	4/20	6:28	~	5/21	5:31
2018	4/20	12:14	~	5/21	11:15
2019	4/20	17:56	~	5/21	16:59
2020	4/19	23:47	~	5/20	22:49
2021	4/20	5:35	~	5/21	4:37
2022	4/20	11:25	~	5/21	10:22
2023	4/20	17:14	~	5/21	16:08
2024	4/19	23:00	~	5/20	21:59
2025	4/20	4:56	~	5/21	3:54

おわりに

　年次版の文庫サイズ『星栞』は、本書でシリーズ5作目となりました。昨年の「スイーツ」をモチーフにした12冊はそのかわいらしさから多くの方に手に取って頂き、とても嬉しかったです。ありがとうございます！

　そして2024年版の表紙イラストは、一見して「何のテーマ？？？」となった方も少なくないかと思うのですが、実は「ペアになっているもの」で揃えてみました（！）。2024年の星の動きの「軸」の一つが、木星の牡牛座から双子座への移動です。双子座と言えば「ペア」なので、双子のようなものやペアでしか使わないようなものを、表紙のモチーフとして頂いたのです。柿崎サラさんに、とてもかわいくスタイリッシュな雰囲気に描いて頂けて、みなさんに手に取って頂くのがとても楽しみです。

　星占いの12星座には「ダブルボディーズ・サイン」と呼ばれる星座があります。すなわち、双子座、乙女座、射手座、魚座です。双子座は双子、魚座は「双魚宮」で2体です。メソポタミア時代の古い星座絵には、乙女座付近に複数の乙女が描かれています。そして、射手座は上半身が人

間、下半身が馬という、別の意味での「ダブルボディ」と
なっています。「ダブルボディーズ・サイン」は、季節の変
わり目を担当する星座です。「三寒四温」のように行きつ戻
りつしながら物事が変化していく、その複雑な時間を象徴
しているのです。私たちも、様々な「ダブルボディ」を生
きているところがあるように思います。職場と家では別の
顔を持っていたり、本音と建前が違ったり、過去の自分と
今の自分は全く違う価値観を生きていたりします。こうし
た「違い」を「八方美人」「ブレている」などと否定する向
きもありますが、むしろ、色々な自分を生きることこそが、
自由な人生、と言えないでしょうか。2024年は「自分」の
バリエーションを増やしていくような、それによって心が
解放されていくような時間となるのかもしれません。

星栞 2024年の星占い
牡牛座

2023年9月30日　第1刷発行

著者　石井ゆかり

発行人　石原正康
発行元　株式会社 幻冬舎コミックス
　　　　〒151-0051　東京都渋谷区千駄ヶ谷4-9-7
　　　　電話 03-5411-6431（編集）
発売元　株式会社 幻冬舎
　　　　〒151-0051　東京都渋谷区千駄ヶ谷4-9-7
　　　　電話 03-5411-6222（営業）
　　　　振替 00120-8-767643

印刷・製本所：株式会社 光邦
デザイン：竹田麻衣子（Lim）
DTP：株式会社 森の印刷屋、安居大輔（Dデザイン）
STAFF：齋藤至代（幻冬舎コミックス）、
　　　　佐藤映湖・滝澤 航（オーキャン）、三森定史
装画：柿崎サラ